KB013206

어느 날 대표님이
팀장 한번 맡아보라고 말했다

팀장을 위한 현실 리더십 안내서

어느 날 대표님이

팀장 한번 맡아보라 고 말했다

태준열 지음

미래의창

당신의 팀은
'플러그인' 되어 있나요?

언제나 그랬듯 지금 이 순간에도 세상은 빠르게 변하고 있습니다. 변화의 바람은 회사 조직에도 불어왔고, 특히 위계에 의한 상명하복 문화가 더 이상 통하지 않는 시대가 된 것 같습니다. 조직원에 대한 팀장의 고민이 예전보다 많이 깊어진 것을 보면 알 수 있습니다. 단순히 명령하고 지시하는 것만으로는 팀을 이끌어가기가 어려워졌으니 팀장의 머릿속이 복잡해질 수밖에 없죠.

설령 상명하복 문화가 여전히 작동하는 조직일지라도 '과연 팀원들이 진심으로 나를 따르는 것일까?'라는 의문이 드는 순간 팀장은 또 다른 고민에 빠집니다. 팀원들이 겉으로만 따르고 속으로는 다른 생각을 하고 있다면, 팀장은 그 팀을 운영해나갈 수 없기 때문입니다. 팀원들이 진심으로 따르지 않는 팀장은 '무늬만 팀장'일지도 모릅니다. 그런 팀장이 되고 싶은 사람은 없지 않을까요?

첫 직장에서 근무한 지 10년째 되는 날, 저는 운 좋게 팀장이 됐습니다. 당시 과장이었기 때문에 제가 팀장이 될 거라고는 전혀 예상치 못했습니다. 회사에서도 무슨 이유로 제가 팀장이 됐는지 명확히 말해주지 않았고요. 마땅히 외부에서 충원할 사람이 없었는지도 모르죠. 아니면 그럭저럭 일을 해내니 기회를 한번 줘보자는 생각이었을 수도 있습니다. 아무튼 저는 엉겁결에(?) 팀장이 됐습니다.

팀장이라는 이름의 무게를 어렴풋이 알고는 있었지만, 솔직히 제가 어떤 역할을 해야 하는지, 어떤 방식으로 일해야 하는지는 잘 와닿지 않았습니다. 그때 저에게는 따르거나 존경할 만한 직장 선배나 멘토가 딱히 없다고 생각했거든요. 조언해줄 사람들을 스스로 찾아다닐 수도 있었을 텐데, 지금에 와서 보니 생각이 좀 짧았던 것 같긴 합니다. 어쨌든 저는 팀장의 리더십을 책으로 공부하기 시작했습니다. 내가 어떤 사람이 되어야 하는지 고민하고 상상하기만을 거듭했죠.

연애를 책으로만 배우면 이론에는 빠삭하지만 실전에서는 엉망진창인 연알못(연애를 알지 못하는 사람)이 된다고 했던가요? 제가 딱 그랬습니다. 리더십 이론을 달달 외우고 노트에 요점 정리까지 해가며 노력했지만, 실제 행동은 중구난방이었습니다. 그래도 최선을 다했으니 나름 팀장 역할을 잘 해내고 있는 줄 알았습니다. 그런데 팀장이 된 후 몇 개월 만에 팀원 한 명이 회사를 그만두었습니다. 저는 평소 그 팀원에게 잘해주었다고 생각했던 터라 적잖은 충격을 받았죠. 돌이켜보면 저는 그저 '좋은 사람' 또는 '좋은 선배'가 되고 싶었던 것 같습니다. 심지어 그 팀원이 몸이 좋지 않을 때 약국에 가서 약을 사다 준 적도 있으니까요. 전 그게 팀원을 아끼는 방법이라고 생각했습니다. 하지만 결국 '좋은 팀장'이 되진 못했던 겁니다.

팀원은 퇴사하면서 저에게 "직장 선배로서는 좋은데 팀장으로서는 도움이 안 된다"고 말했습니다. 그 말을 듣는 순간 머릿속에 물음표들이 떠올랐습니다. '도움이 안 된다? 이게 무슨 말이지? 팀원이 팀장에게 도움이 돼야 하는 거 아닌가?' 고민에 고민을 거듭한 끝에 그가 정말 원했던 것은 본인의 성장이었다는 걸 알게 됐습니다. 저는 팀원의 성장을 돕지 못했던 거죠. 제가 역량 있는 팀장으로 성장할 때까지 기다려주지 않고 떠난 팀원에게 야속한 마음이 들었고, '내가 이렇게 잘해주는데 너희들이 어떻게 이럴 수 있냐'라는 생각에 섭섭하기도 했습니다.

하지만 저는 곧 깨달았습니다. 사람들은 모두 자기 본위적으로 생각하고 행동하며 산다는 것을 말이죠. 적어도 개인의 의사결정과 행동에 있어서는 내적 욕구가 중요한 역할을 합니다. 어떤 관계든 나에게 손해가 된다면 거리를 둘 수밖에 없는 게 사람이니까요. 하지만 저는 그것이 나쁘다고 생각하지 않습니다. 사람의 마음이 어떻게 작동하는지 몰랐던 그 당시의 제가 아마추어였을 뿐입니다.

팀장이 된 후 처음 겪었던 아픈 경험은 '무엇이 사람을 움직이는가'에 대해 탐구하게 된 계기가 됐습니다. 팀원들이 어떤 욕구를 가지고 있는지도 지속적으로 살펴보게 됐고요. 첫 회사를 떠나 몇몇의 다른 회사들을 거치며 저는 좀 더 깊게 연구하고, 실천하고, 피드백을 받았습니다. 좋은 팀장이 되기 위해 끊임없이 시도하면서 때로는 실패했지만, 때로는 작은 성공을 거두기도 했습니다. 그렇게 시간이 흐르면서 저는 팀장다운 팀장이 되어갔습니다.

초보 팀장 시절부터 지금까지 겪어왔던 수많은 역경들은 '좋은 팀장이 된다는 것은 무엇인가?', '어떻게 진심으로 사람을 움직일 수 있는가?'와 같은 질문을 던지게 했고, 이제는 그 질문에 어느 정도 괜찮은 답을 할 수 있게 된 듯합니다. 좋은 팀장이 된다는 것은 좋은 사람이 됨을 의미하진 않습니다. 좋은 팀장은 팀원들이 일에 몰입할 수 있는 환경이 무엇인지 고민하고, 그것을 조성하고, 성취할 수 있다는 믿음을 심어주는 사람입니다. 가치 있는 일을 찾고 만들어 마침내 나도 팀원도 함께 성취하는 사람이 되도록 해주는 사람입니다.

이 책은 진심으로 사람을 움직이고 싶은 팀장을 위한 책입니다. 사람을 움직일 수 있을 때 진짜 리더가 되고, 그 팀의 진짜 파워가 나오게 되니까요. 전기코드가 전원 소켓에 꽂힐 때처럼 사람도 무언가에, 누군가에게 플러그인Plug-In 됐을 때 가장 강력한 전기(에너지)를 발산합니다. 따라서 조직의 리더가 성과를 만들어가는 방식 역시 사람들이 서로 플러그인 될 수 있도록 돕는 것이어야 합니다.

가끔 어떤 리더들은 진정성보다 사람을 부리는 기술, 팀원을 복종시키는 비법, 멋진 팀장으로 보이는 방법, 권력의 기술과 같은 속성 스킬에 더 많은 관심을 보입니다. 아쉽게도 이 책은 그런 분들을 위한 책이 아닙니다. 이 책은 진성眞成 리더authentic leader가 되고 싶은 사람들을 위한 책입니다. 그렇기에 어디선가 본 것 같은 굉장한 에피소드나 그럴싸한 벤치마킹은 없습니다. 모두 저와 같은 리더들이 겪은 실제 경험에서 수집한 자료와 예시입니다. 동시에 통렬한 반성이고, 깨달음이며, 도전이기도 합니다. 이 책을 펼친 목적이 단기간에 자신을 리더로 포장하기 위한 것이 아니라면, 책의 내용을 천천히 읽으며 곱씹어보길 바랍니다. 그러면 아마도 생각이 더 많아질 겁니다. 하지만 걱정할 필요는 없습니다. 생각이 많아진다는 것은 곧 좋은 리더가 되기 위한 첫발을 내디뎠다는 뜻이니까요. 여러분의 변화는 이미 시작된 것입니다.

이 책은 각각 '마인드', '성과', '소통', '관리'라는 키워드를 주제로 한 4개의 장으로 구성됩니다. 먼저 1장은 내가 팀장으로서 어떤 마음과 태도를 가져야 하는가에 대한 이야기입니다. 팀장은 기술자가 아니라 팀을 이끄는 리더죠. 'How to'만 가지고는 사람을 이끌 수 없으며, 팀장이 어떤 마음가짐으로 임하느냐에 따라 그 팀의 나아갈 방향이 달라집니다. 그래서 스스로 어떤 마인드를 갖는지가 중요합니다. 2장은 팀장으로서 가장 중요한 책무, 다름 아닌 성과에 대한 이야기입니다. 성과를 만들기 위해서는 무엇보다 환경 조성이 중요하다는 것과 어떻게 해야 좋은 성과를 만들 수 있을지, 팀원을 성장시키려면 무엇이 필요한지를 담았습니다. 3장에서는 팀장으로서 올바른 소통을 하는 방법을 다룹니다. 여러분 주변에도 업무 능력이 뛰어나지만 소통을 못해서 고전을 면치 못하는 리더들이 있지 않나요? 팀장의 모든 파워는 올바른 소통력에서 나옵니다. 마지막으로 4장에서는 팀장으로 일하면서 스스로를 관리하는 방법을 이야기합니다. 일과 인간관계에 있어서 현명해지지 않으면 작은 사건으로도 실족할 수 있죠. 어떻게 해야 일과 인간관계, 그리고 팀장으로서 맞닥뜨리게 되는 온갖 상황들을 잘 관리할 수 있을지 체력, 화법, 필력, 판단력 등의 기준으로 풀어보았습니다. 조직 생존을 위해 주의해야 할 점도 함께 실었습니다. 일단 팀장이 생존해야 가치 있는 다른 일들도 잘해나갈 수 있기 때문입니다.

저의 조언이 꼭 정답일 수는 없습니다. 그 누구의 주장도, 그 누구의 경험도 모든 상황에 100% 들어맞는 만능 키가 될 수 없기 때문입니다. 하지만 나만의 해답을 찾기 위한 길잡이가 될 수는 있을 겁니다. 이 책을 읽으면서 공감되는 부분에는 공감하고, '나도 이렇게 해봐야겠다'라는 결심이 드는 부분은 행동으로 옮기는 것만으로도 충분합니다.

만약 당신이 배를 만들려고 한다면 사람들을 모아놓고 나무를 가져오라거나, 일감을 나눠주거나, 명령하지 마라. 대신 그들에게 광활한 바다에 대한 동경심을 심어줘라.

모든 어른이 한때는 어린아이였다. 하지만 그걸 기억하는 어른들은 많지 않다.

– 앙투안 드 생텍쥐페리

제가 추구하는 리더의 모습과 이 책이 지향하는 내용이 이 문구에 모두 담겨 있다고 해도 과언이 아닙니다. 언제나 그랬지만 여전히 어려운 시대입니다. 대한민국의 모든 직장인, 특히 기꺼이 팀장이라는 직책을 맡고 있거나 새롭게 팀장이 될 준비를 하는 분들에게 이 책이 조금이나마 도움이 되기를 간절히 바랍니다.

목
차

팀장의 마인드
성공하는 팀장의 태도

② 팀장의 성과
진짜 성과를 만드는 법

팀장의 소통
사람을 움직이게 하는 진정성 커뮤니케이션

팀장의 관리

일과 관계를 관리하는 법

팀장의 마인드

성공하는 팀장의 태도

처음은 누구나 의욕적이고 결의에 차기 마련입니다. 좋은 사람이 되고 싶고, 좋은 리더가 되고 싶습니다. 하지만 시간이 흐를수록, 성공의 경험을 하나씩 쌓아갈수록 처음의 겸손했던 마음은 기억에서 사라지고 맙니다. 그리고 점차 팀의 성과를 오직 내 능력의 결과물로 포장하기 바빠지죠. 어쩌면 리더로서 진정한 성공은 '처음부터 끝까지 어떤 마음을 먹어야 하는가'와 '무엇을 경계해야 하는가'로 판가름 나는 것일지도 모르겠습니다. 실패하는 리더는 마음가짐부터 실패합니다.

리더는
리딩을 한다

제가 팀원이었을 때 팀장님을 보면서 좀 안쓰럽다고 생각했던 기억이 있습니다. 퇴근 시간이 훌쩍 넘었는데도 퇴근하지 못하고 자리에 앉아 모니터를 뚫어지게 보고 있던 모습, 붉으락푸르락한 얼굴로 임원실에서 나오던 모습, 홀로 담배를 피우며 생각에 잠겨 있던 모습……. 이전 팀장님을 생각하면 이런 모습들이 먼저 떠오릅니다. 당시 팀장님은 커다란 문제를 끌어안고 있는 사람처럼 스트레스가 많아 보였죠.

시간이 지나고 직접 팀장이 되어보니, 그 기분을 조금은 이해할 수 있었습니다. 만약 이 글을 읽고 있는 여러분이 팀장이라면, 처음 팀장이 됐을 때 나를 짓누르던 알 수 없는 무게감을 기억할 것입니다. 저는 나중에야 그 무게의 실체를 깨달을 수 있었습니다. 그건 책임이 주는 중압감이었고, 경영진에게 나의 가치를 빨리 증명하고 싶었던 조급함이었습니다. 심리적 불안 요인들이 스스로를 괴롭혔던 것이죠.

책임감과 조급함 말고도 저를 힘들게 한 것이 또 하나 있습니다. 바로 에너지의 활용입니다. 전에는 내게 주어진 일만 잘하면 됐지만, 이제는 팀 전체를 위한 공동의 방향과 목표를 만들 뿐 아니라 그것을 실행하고 책임지기 위해 더 큰 에너지가 필요해졌으니까요.

팀원의 에너지와 팀장의 에너지는 집중되어야 할 곳이 다르고, 따라서 사용 방식도 다릅니다. 팀원은 직무 전문가일 때 인정받고, 팀장은 (개인이 아닌 조직의) 성과 설계자가 됐을 때 비로소 인정받죠. 그래서 갑자기 팀장이 되면 뜻하지 않은 어려움에 봉착하게 됩니다. 가치 있는 성과를 만들어내기 위해 내가 사용할 수 있는 에너지의 총량에서 무엇을 어떻게 배분할지, 각각의 에너지를 어디에 연결해야 할지 고민하게 되니까요. 이는 이전에 느끼지 못했던 큰 변화입니다.

책임에 대한 중압감, 빨리 인정받고 싶은 조급함, 에너지 활용 문제에 대한 고민. 이와 같은 불안감은 팀장이 되면서 자연스럽게 느끼는 혼란이 아닐까 싶습니다. 물론 이 세 가지는 팀장이 되고 오랜 시간이 흘러도 여전히 어려운 숙제이긴 합니다. 많은 기업들이 이런 중요한 변화와 혼란 앞에 놓인 초보 팀장들을 이끌어줄 체계적인 리더육성 시스템을 갖추지 못한 것도 사실이고요. 하지만 그렇다고 조직의 교육체계에만 기댄 채 손을 놓고 있어서는 안 될 일입니다. 나 자신의 성장을 위해서라도 말이죠.

팀장 역할에 어려움과 고민이 계속된다면, 그것은 대부분 내 마음과 생각이 정리되지 못했기 때문입니다. 역량 있는 팀장이 되고 싶다면 무엇보다 먼저 나 자신을 정리·정돈할 필요가 있습니다. 언뜻 듣기에 별거 아닌 것 같지만 사실 이것이 가장 중요합니다.

'Leader(리더)'라는 영단어를 거꾸로 쓰면 'Redeal(리딜)'이 된다는 것을 알고 있나요? 저는 이 리딜의 의미를 '매일 또는 주마다 스스로와 새롭게 다시 거래Redeal하는 것'이라고 정의합니다. 더 자세히 말하자면 리딜은 복잡한 상황을 정리하고 방법을 생각해내는 것, 나 스스로 끊임없이 정리·정돈하고 제안하는 것, 그리고 실패해도 다시 계획을 세우고 내가 할 수 있는 행동의 선택지를 채택하는 것입니다.

'리더-리딜'은 스스로에게 주는 피드백이고, 이 피드백들이 모이면 엄청난 자산이 됩니다. 즉, 리더로 성장하는 데 필요 없는 것들을 찾아서 빼고 대신 필요한 것을 더해 나를 최적의 상태로 조각하는 과정인 것이죠. 저는 주기적으로 또는 이슈가 있을 때 생각을 정리하고 이것을 글로 기록합니다. 기록을 도와 주는 많은 도구가 있는데, 저는 '노션'이라는 앱을 주로 사용하고 있습니다. 일기 형식으로 하루에 일어났던 일과 이슈에 대한 내 생각, 결심, 계획 같은 것들을 적어놓는 거죠. 매일은 아니더 라도 자주 적으며 생각하다 보면 어느새 머릿속이 정리되고 나만의 견해가 생깁니다. 실패했던 것을 되짚고 어떻게 해야 다음에 더 잘할 수 있을지도 기록합니다. 책을 읽고 공부한 것을 적용해보기도 합니다. 정리하고, 쓰고, 남기는 이런 행동을 반복

▶ **정리의 힘을 극대화해주는 리더-리딜**

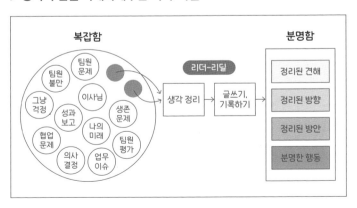

하다 보면 스스로 조금씩 단단해지는 것을 느끼며 자신감이 차오르게 됩니다.

팀장이 힘든 이유로 임원 및 대표이사와의 관계, 생각과 견해의 차이, 팀 관리 등 일과 사람 관계에서 오는 스트레스를 꼽는 경우가 많지만, 그보다 더 결정적 이유는 이 모든 것에 대한 내 생각이 정리되지 못해 내 견해가 점점 약해지기 때문입니다. 다시 말해 생각이 정리되지 못해서죠. 생각이 정리되면 마음이 정리되고, 마음이 정리되면 내가 해야 할 계획과 행동이 정리됩니다. 결국 언제 어디서든 생각하고 그것을 글로 정리하면 명료하게 정돈된 상태의 나를 만들 수 있습니다. 그게 바로 정리의 힘입니다.

서울대병원 정신건강의학과 윤대현 교수는 "나쁜 행동을 하는 리더에게는 문제가 생겼을 때 진심 어린 사과를 하고 개선하는 것보다 자신의 이미지를 회복시키기 위한 단기 전략에 집중한다는 특징이 있다"라고 말한 바 있습니다. 이를 위해 단기 보상으로 직원들의 환심을 사고 자기 업적을 부풀리는 등 홍보에 열을 올린다는 것이죠. 반면에 좋은 리더는 문제가 생기거나 부정적인 평가를 받았을 때 이를 객관적 피드백으로 받아들여 긍정적인 에너지로 치환해낸다고 합니다.[*] 이는 단순히 인

---

[*] "나쁜 리더의 버릇 '환심사기'", 《조선일보》, 2021.02.02.

품이 좋다고 되는 일은 아니라고 생각합니다. 그보다는 별도의 자기정화 시간을 가졌기 때문에 가능한 일이 아닐까요? 즉, 어떤 방식으로든 리더-리딜을 통해 나를 정리하는 시간을 가졌다는 것입니다.

이제 이를 잘하기 위한 한 가지 팁을 알려드리겠습니다. 바로 산책입니다. 산책은 스스로에게 휴식과 자신감을 가져다줍니다. 걸으면서 음악을 듣고, 바람을 느끼고, 때로는 홀로 커피를 마시면서 하루를 정리하다 보면 머리가 맑아지고 몸과 마음이 정돈됩니다. 제가 팀장이 되어 가장 중요하게 생각하고 반드시 실천했던 것이 산책이었습니다. 나의 마음과 태도를 나에게 가장 유리하고 흔들림 없는 상태로 정돈하는 시간이기 때문입니다. 저는 산책하고, 생각하고, 글로 기록하는 일을 반복해서 실천함으로써 팀장이 되면서 느껴왔던 혼란스러움을 하나둘씩 정리할 수 있었습니다. 뒤죽박죽인 머릿속에 고민들만 계속해서 쌓이고 있다면 일단 밖으로 나가 가볍게 걸어보세요. 나도 모르는 사이에 많은 것들이 해결돼 있을 것입니다.

능력 있는 팀장이 되려면 어떻게 해야 하는지 물어보는 사람들이 많습니다. 그럴 때마다 저는 이렇게 답합니다. "가장 먼저 마음을 정리하고 태도를 정비하세요." 머릿속이 복잡하면 어떤 일도 손에 잡히지 않기 마련입니다. 산책을 하며 생각을 정리한 뒤엔 글(일기)을 써보면 좋겠죠. 이처럼 일상 속에서 나를 정돈할 수 있는 패턴을 만들기 바랍니다. 그러면 의외로 많은 것들이 단순해질 겁니다. 이 모든 것을 저는 '리더-리딜'이라고 부릅니다. 스스로와 지속적으로 리딜하다 보면 어느새 능력 있는 팀장으로 인정받는 나를 발견하게 될 거예요.

가장 강력한 리더십은 무엇일까?

베트남전쟁을 소재로 한 영화 〈위 워 솔저스〉를 본 적이 있나요? 어떤 이에겐 흔한 전쟁 영화 중 하나였을지도 모르지만 저는 이 영화를 무척 인상 깊게 봤습니다. 멜 깁슨이 연기한 주인공 무어 중령이 제가 닮고 싶은 리더의 본보기였기 때문인데요, 영화를 본 뒤 저는 그의 리더십에 완전히 매료됐습니다. 그는 말과 행동이 일치하고 솔선수범하는 믿음직한 리더였거든요. 무어 중령의 대사 중 기억에 남는 것이 있습니다. 베트남으로 출정하는 날 새벽, 그는 부하들에게 이런 연설을 합니다.

우린 죽음의 계곡에 들어간다. 여러분은 전우를 지켜주고 전우는 여러분을 지킨다. (……) 우리는 결연한 적에 맞서 적진에 들어간다. 귀관들을 무사히 데려오겠다는 약속을 해줄 수는 없다. 그러나 신께 맹세한다. 우리가 전투에 투입되면 내가 먼저 적의 땅을 밟을 것이고, 마지막에 적진에서 나올 것이며, 단 한 명도 내 뒤에 남겨두지 않겠다. 우린 살아서든 죽어서든 고국으로 돌아간다.

이어진 전투에서 무어 중령은 자신이 한 말을 지킵니다. 적진에 가장 먼저 들어가고 마지막까지 부하들을 챙겨 나옵니다. 그의 말처럼 살아 있든, 다쳤든, 죽었든 간에 말이죠. 그는 부하들보다 앞서서 포화 속으로 뛰어들고, 힘들고 어려운 상황을 먼저 맞이합니다. 그리고 특유의 용기와 노련함으로 위기 해결에 앞장서며 부하들을 이끌고 사지에서 빠져나옵니다. 결국 모두 고국으로 돌아오게 됩니다.

치열한 전투가 벌어지고 있는 전장으로 향하면서 "반드시 다 같이 살아오도록 해주겠다", "너를 꼭 지켜주겠다"와 같은 말은 현실적으로 지키기 어렵습니다. 이는 부대원들도 잘 알고 있고요. 그래서 믿을 수 있는 말을 하고 이를 실행한 무어 중령이 탁월한 리더라는 겁니다. 듣기 좋은 말은 그 순간엔 멋져 보이고 안도감을 줄 수 있지만 결과적으로 희망 고문에 그치는 경우가 많습니다. 그보다는 있는 그대로의 현실을 직시하고 진솔하게 말하는 사람, 맡겨진 역할을 피하지 않겠다고 다짐하는 사람이 더 신뢰가 가는 리더가 아닐까요?

말이 쉽지, 솔직히 언행일치와 솔선수범은 정말 어렵습니다. 리더라고 해서 완벽한 인간은 아니니까요. 때로는 실수도 하고 잘못도 합니다. 하지만 팀원들이 바라는 것은 완벽한 팀장이 아닙니다. 진솔함과 겸손함을 바탕으로 자신의 실수를 인정하고 다시 노력하는 리더입니다. 여러분도 그렇지 않나요? 우리는 언행일치와 솔선수범을 추구하고 끊임없이 노력하는 리더에게 매력을 느끼고, 그를 따르게 됩니다.

그럼 반대의 경우를 생각해볼까요? 말과 행동이 다른 사람, 리더로서 자신의 책무를 다하지 못하는 사람, 무엇이 두려운지 항상 뒷전에 서 있는 사람. 우리는 그런 리더를 따르지 않습니다. 그런 사람들은 생각보다 많고, 어디에나 꼭 한 명씩은 있습니다. 상황의 유불리만 따지며 지키지 못할 말로 순간의 위기를 모면하고 이상한 논리와 지위를 앞세워 자신의 정당성을 호소하는 사람들이죠. 그런 리더를 볼 때 어떤 생각이 드나요? 아무리 능력 있고 그럴싸한 철학을 가지고 있어도 올바른 리더라고 여기지는 않습니다. 우리는 그런 리더를 지지하지 않습니다.

그렇다면 리더의 언행일치와 솔선수범은 어디에서 나올까요? 저는 진솔함과 겸손함이 그 근원이라고 생각합니다. 대한

민국 반도체 산업을 세계 1위로 이끈 권오현 전前 삼성전자 대표는 저서 《초격차》에서 리더가 지녀야 할 중요한 조건으로 '진솔함Integrity', '겸손Humility', '무사욕無私慾, No Greed'을 꼽았습니다. 이 외에 통찰력, 결정력, 실행력, 지속력이 필요하다고 이야기했지만* 저는 특히 진솔함과 겸손함에 주목했습니다. 좋은 인성은 다른 역량을 키울 수 있는 토양이 되지만, 빈약한 인성은 다른 좋은 역량마저도 가치 없게 만들어버리기 때문입니다.

여러분의 주변에는 닮고 싶은 리더가 있나요? 살면서 닮고 싶은 리더를 만난다는 것은 정말 큰 행운입니다. 달리 본다면 뛰어난 리더십을 갖추기가 쉽지 않다는 뜻이기도 합니다. 하지만 우리가 모두 영웅이 될 필요는 없습니다. 처음부터 존경받는 롤모델이나 위대한 리더가 되겠다는 대단한 포부를 품어야 하는 것도 아니고요. 그러니까 리더십에 대해 좀 더 편한 마음으로 다가갔으면 합니다.

누군가의 훌륭한 리더십을 벤치마킹하려고 노력하는 것보다 나 자신에게 더 집중해도 괜찮습니다. 특히 유명 CEO의 일대기나 리더십 에피소드에 너무 의지하지 않았으면 좋겠습니다. 물론 모두 훌륭한 분들이지만, 그들도 그저 각자의 상황에

---

* 권오현, 《초격차》, 쌤앤파커스, 2018.

맞는 리더십 스타일을 구축했을 뿐이니까요. 지금 나에게 적합한 리더십이 무엇인지 고민하고 생각하는 시간이 더 유의미하지 않을까요?

헛되게 말하지 않고, 자신이 한 말이나 약속은 가급적 지키려고 노력하며, 어렵고 힘든 일은 내가 먼저 솔선수범하겠다는 태도와 실천이면 이미 좋은 리더의 모습을 갖춘 것이 아닐까요?

자신감과
교만은 다르다

우리는 좋은 리더가 되기 위해 많은 노력을 기울입니다. 하지만 좋은 리더도 한순간 나쁜 리더가 될 수 있습니다. 좋은 리더가 되기 위해 '무엇을 어떻게 하는가'만큼이나 '무엇을 경계할 것인가'도 중요하다는 이야기죠. 리더가 되면 스스로에 대한 성찰의 시간이 필요합니다. 일이 잘 풀리거나 승승장구하게 되면 누구에게나 한 번은 교만해지는 순간이 찾아옵니다. 저는 이를 인성의 문제라기보다 상황의 문제라고 봅니다. 나를 둘러싼 모든 상황이 좋아지기 시작하면 내가 좀 대단한 사람이 된 것처럼, 모든 것이 나의 성과인 것처럼 느껴지고는 하니까요.

실제로 성공한 정치인이나 기업가들에게서 이런 모습을 자주 볼 수 있습니다. 인기 연예인이나 SNS 셀럽들도 그렇고요. 그들은 이따금 실언을 하거나 경솔한 행동으로 다른 이의 마음에 상처를 줍니다. 자신과 다른 견해를 가진 사람을 공격하고 비난할 때도 있습니다. 잘나가던 유명인들이 갑자기 추락하는 것도 결국 교만 탓이 아닐까 합니다. 물론 회사에서도 이런 경우가 있습니다.

리더는 언제든 무너질 수 있습니다. 실적, 인사 문제, 조직 관리, 부서 간 알력, 경쟁자 등 온갖 위험 요인들이 부지불식간에 리더를 실족시킵니다. 때문에 내가 무엇을 조심하고 경계해야 하는지 항상 주변을 살피면서 가야 합니다. 저는 대표이사의 엄청난 신임을 받고 있던 팀장이 하루아침에 나락으로 떨어지는 것을 목격한 적도 있습니다. 이때 대부분의 문제는 자신감과 교만을 구분하지 못해서 생깁니다. 그리고 안타깝게도 힘든 상황이 닥쳤을 때 주변의 도움을 얻지 못하는 경우가 많죠. 잘나갈 때 교만했던 행적들이 거꾸로 돌아와 나를 공격하기 때문입니다. 항상 겸손해야 하는 가장 큰 이유가 바로 여기에 있습니다. 스스로를 돌아보며 낮출 줄 모르는 사람에게는 위기의 순간 지원군이 달려오지 않습니다.

영화로도 제작된 바 있는 소설 〈반지의 제왕〉 시리즈에 나오는 마법사 간달프를 모르는 사람은 거의 없을 것입니다. 간달

프는 정의롭고 지혜로우며, 자신을 희생하면서까지 사람들을 이끌고 모든 위험을 극복해나갑니다. 이는 어쩌면 우리가 원하는 리더의 모습일지도 모릅니다. 그런데 이 '간달프 리더십'을 잘못 이해하는 사람도 있습니다. '이 조직은 내가 아니면 안 된다' 혹은 '나만 정의롭고 다른 사람은 그렇지 않다'라고 생각하거나, 사람들로 하여금 자신에게 계속 의지하게만 만드는 사람이죠. 정작 간달프 리더십의 핵심인 희생정신과 겸양은 보지 못한 채 말입니다. 이런 사람은 위험한 리더가 될 가능성이 높습니다.

리더의 진짜 자신감은 '자존감'에서 비롯됩니다. 은근슬쩍 다른 사람을 무시하며 나를 우위에 놓는 사람들의 자신감은 교만이고요. 자존감 있는 사람은 타인을 포용하고 내 것을 얼마든지 내놓을 수 있습니다. 그래도 괜찮은 이유는 나를 조금 비워도 금세 새로운 것으로 채울 수 있다는 자신감이 있기 때문이죠. 결국, 나를 낮출 수 있는 것이 진짜 자신감인 겁니다.

팀장 및 임원 교육을 하다 보면 자신의 노하우나 유용한 정보, 자료 등을 팀원과 절대 공유하지 않는 경우를 가끔씩 보게 됩니다. 팀의 역량이 되어야 할 좋은 자산을 자신이 독점하는 거죠. 왜 그럴까요? 툭 터놓고 말하자면, 자신이 없는 것입니다. 과거에 쌓아놓은 나의 밑천이 바닥날까 두려운 것입니다. 이것이 없어지면 사람들을 리드할 수 없을 것 같으니까요. 사실 저도 이런 생각을 한 적이 있습니다. '수년간 고생해서 갈고닦은 노하우를 다른 사람에게 전수할 수 있을까? 그럼 난 나를 무엇으로 포지셔닝 하지?' 한편으로는 배가 아프기도 했고 걱정도 됐습니다. 팀장으로서의 권위는 오랜 시간에 걸쳐 축적한 지식과 경험에서 나오며, 그것으로 지금까지 살아남을 수 있었다고 여겼기 때문입니다. 그때 제게는 자존감을 바탕으로 한 자신감이 없었습니다.

하지만 저는 곧 깨달았습니다. 리더의 권위는 지식과 노하우를 독점하는 데에서 나오지 않는다는 것을 말이죠. 리더의 자신감은 끊임없이 학습하고 사고하는 힘에서 샘솟는 것이라 생각합니다. 과거에 쌓은 지식과 경험들은 모두 주변으로 방출해야 합니다. 그래야 과거의 자산 위에 새로운 자산이 형성됩니다. 세상은 빠르게 변하고 리더로서 습득해야 할 경험과 지식은 너무나도 많습니다. 즉, 리더는 과거의 성공과 지식, 경험을 답습하는 사람이 아니라 미래 자산을 만들어 성공의 가능성을 열어가는 사람입니다. 그래서 리더는 항상 비워내고 공부해야 합니다. 이것이 리더의 진짜 자신감이자 사람들을 따르게 하는 '소프트 파워Soft Power'*입니다.

리더는 자리가 아닌 역할입니다. 많은 사람들이 '자리가 사람을 만든다'고 말하지만 저는 '사람이 자리를 만든다'는 말에

한 표를 던지고 싶습니다. 자리가 만들어내는 사람보다 사람이 만들어내는 자리를 더 신뢰할 수 있으니까요. 그럴 만한 자격이 있는 사람으로 성장한다면 자리는 자연스럽게 따라옵니다. 저 또한 많은 시행착오와 고민이 있었지만 돌이켜보면 팀원들과 좋은 성과를 낼 수 있었던 경우는 대부분 자리가 아니라 역할에 충실했을 때였습니다.

리더는 교만이 아닌 자존감을 바탕으로 한 자신감으로 승부합니다. 리더는 자리가 아닌 역할로 승부합니다. 이러한 모습은 리더를 소통하게 만드는 사람이 아니라 소통하고 싶게 만드는 사람으로 성장하게 합니다. 뛰어난 리더라는 자부심은 나 스스로를 드러내서 얻는 것이 아니라 사람들이 만들어주는 것임을 명심했으면 합니다.

<hr>

＊ 군사력이나 경제력과 같은 하드 파워Hard Power에 대응하는 개념의 문화적 영향력. 소프트 파워는 상대를 강제로 순응시키는 것이 아닌, 설득을 통해 자발적으로 순응하도록 유도하는 힘을 말한다.

나도 꼰대가
될 수 있다

뻔한 이야기처럼 들릴 수도 있겠지만, 리더 자리에 오른 사람일수록 항상 '올챙이 적 생각'을 해야 합니다. 개구리들은 자신의 말과 행동이 올챙이들에게 상처를 줄 수 있다는 것을 잘 모르기 때문입니다. 더 정확히 말하자면 본인이 올챙이였을 때 받았던 상처를 기억하지 못합니다. 누구나 어린 시절이 있고 처음 시작하던 순간이 있기 마련인데 말이죠. 그때의 어려움과 서러움, 당혹스러움, 좌절 등을 떠올려보면 개구리들이 올챙이들에게 함부로 할 수 있을까요? 하지만 세상에는 예전에 본인이 받았던 상처와 아픔을 후배들에게 그대로 물려주고 싶어하는 사람들이 있습니다. 이런 사람들을 '꼰대'라고 부르는 것이 아닐까요?

《꼰대의 발견》에서 저자 아거는 꼰대를 '자신이 남보다 서열이나 신분이 높다고 여기고, 자기가 옳다는 생각으로 남에게 충고하는 걸 당연하게 생각하며, 권위주의적이고 특권 의식에 사로잡힌 사람'이라고 정의한 바 있습니다.* 저는 꼰대란 '개구리 올챙이 적 생각하지 않는 사람'이라고 정의하고 싶습니다. 사실 강자들은 자신이 약자였을 때를 생각하지 않습니다. 지위가 높은 사람은 지위가 낮았을 때를 생각하지 않습니다. 과거에 그것이 얼마나 힘들었고 얼마나 빠듯했는지 기억하지 않습니다. 그래서 타인을 배려하지 않는 말과 행동이 스스럼없이 나오는 것입니다.

문제는 이것이 언제까지나 남의 이야기이기만 한 것이 아니라는 점입니다. 저도, 여러분도 꼰대가 될 수 있습니다. 꼰대는 대부분 40~50대의 중년이라고 생각하겠지만 반드시 나이의 문제만은 아닌 것 같습니다. 그보다는 그 사람의 생각, 사고방식이 더 중요합니다. 그러니 젊은 꼰대, 이른바 '젊꼰'도 있는 거겠죠. 나이나 지위를 떠나 얼마나 상대방을 배려하는지, 잘못된 문화를 개선하려 하는지, 잘 듣고 잘 말하고 잘 조율하기 위

—— * 아거,《꼰대의 발견》, 인물과사상사, 2017.

해 고민하는지 등등, 생각의 깊이가 꼰대가 되느냐 마느냐를 판가름합니다. 내가 불편했으면 남도 불편할 것이고, 내가 불쾌했으면 남도 불쾌하지 않을까요? 결국 꼰대 문제는 역지사지를 할 수 있느냐 없느냐의 문제입니다.

리더는 조직 전반과 팀원들의 사기에 분명 영향을 미칩니다. 전에 다녔던 회사에서 한 임원과 함께 부서 MT를 다녀왔던 경험을 예로 들어볼까 합니다. 그분은 팀원들에게 자율권을 준다며 모든 일정을 스스로 짜보라고 했습니다. 팀장인 제가 팀원들에게 이 소식을 전하자 팀원들은 무척 신이 났고 열심히 계획을 세웠습니다. 이를 위해 회의하는 모습까지도 정말 즐거워 보였습니다. 하지만 그 계획은 목적지에 도착하자마자 물거품이 됐습니다. 임원은 팀원들이 짠 계획을 따르지 않았고, 본인이 하고 싶었던 것 위주로 우리를 이리저리 끌고 다녔거든요.

어찌 보면 그저 회사 MT에서 벌어질 수 있는 '웃픈' 해프닝 정도로 넘어갈 수도 있는 일이지만 저는 당시 그분이 왜 그랬을지 생각해보았습니다. 팀원들에게 모든 권한을 넘겨주는 멋진 모습을 보여주고도 정작 행사 당일에는 말과 행동이 일치하지 않았다는 게 참 안타까웠습니다. 물론 의도적으로 팀원들을 골탕 먹이려 한 것은 아니었으리라 짐작합니다. 본인의 경험을 토대로 팀원들에게 더 좋은 곳을 보여주고 더 맛있는 것을 먹게 해주고 싶었던 것이겠죠. 하지만 그분은 중요한 사실을 놓치고 말았습니다. MT에서 좋은 곳을 가고 맛있는 음식을 먹는 즐거움만큼이나 직접 세운 계획을 자발적으로 실행하는 데에서 얻는 뿌듯함도 크다는 것을요.

그분은 결코 나쁜 상사는 아니었습니다. 다만 개구리가 되고 보니 올챙이 시절을 잊어버리고 역지사지를 못하게 되어버린 거죠. 그러니 본인 위주로만 생각할 수밖에 없었던 게 아닐까요? 결과적으로 팀원들의 생각과 마음을 이해하지 못한 채, 내 경험과 판단이 더 훌륭하니 모두 따라야 한다고 여겼던 것입니다. 한 템포 참고 기다려주지 못하고 내 것만 먼저 와다다다 쏟아내는 것, 이것이 바로 꼰대입니다.

팀장이 되고 시간이 좀 흐르면 나 자신에게 질문하게 되는 시점이 옵니다. '그동안 내가 얼마나 잘해왔나?', '나는 팀원들에게 어떤 영향을 주었나?', '그동안 나는 리더로서 얼마나 발전했고 회사에 어떤 기여를 했나?'와 같은 물음표가 머릿속에 떠올랐다면 한 가지 질문을 더 던져봅시다. '나는 팀원들의 입장에서 얼마나 생각해봤는가?' 이 질문을 고이 간직하고 조직 생활을 한다면, 적어도 후배들에게 욕먹는 선배나 팀장이 되지는 않을 겁니다.

이런 생각을 해봅니다. 젊든 나이가 많든 한 조직을 맡고 있는 리더에게는 꼰대가 될 가능성이 필연적으로 따라오는 것일지도 모른다고요. 경험이 많고 책임질 일이 많은 만큼 후배들에게 해주고 싶은 말도 많아지는 게 일견 당연해 보이기도 합니다. 어쩔 수 없이 꼰대가 되어야 한다면 권위적이고 무례한 '꼰대'가 아닌 후배들의 어려움과 문제 해결에 앞장서서 꼬인 데를 속 시원하게 풀어주는 '꼰데'가 되어보는 것은 어떨까요?

팀장의 성과

진짜 성과를 만드는 법

리더의 성과는 누군가를 이끌고 성장하게 했으며, 함께 목표를 만들고 성취해낸 굉장한 경험입니다. 단순히 인정을 받기 위한 성과는 그리 오래가지 않습니다. 누군가의 가슴을 벅차오르게 하고, 같은 방향으로 함께 달려 비로소 이뤄낸 성과야말로 오랫동안 빛이 납니다. 그러기 위해 팀장은 성과를 내는 것 이상의 영역을 커버하고 설계할 수 있어야 합니다.

이 장은 크게 세 가지 주제로 나눠볼 수 있습니다. Lesson 1부터 3까지는 성과를 내기 위한 환경을 조성하는 법을, Lesson 4부터 8까지는 본격적으로 성과를 만드는 법을, 그리고 Lesson 9부터 11까지는 그 성과로 팀원들을 성장시키는 법을 다룹니다.

나만의 선구안을
키워라

"인사가 만사다"라는 말이 있습니다. 삼성의 창업자 고故 이병철 회장의 경영철학 중 하나도 인재제일주의였습니다. 이병철 회장이 면접을 볼 때 관상가에게 조언을 구하기까지 했다는 일화는 사람의 일이 얼마나 중요한지 새삼 느끼게 합니다. 특히 조직에서 일어나는 모든 일은 사람에게서 비롯되어 사람으로 끝난다고 해도 과언이 아닙니다. 기업의 성공과 실패는 근본적으로 사람에게 달려 있기 때문입니다.

이처럼 중대한 인재 확보 문제에 대해 리더들은 어떤 생각을 가지고 있을까요? 혹시 모든 것을 인사팀에게만 맡기고 있지는 않나요? 한 번쯤 생각해볼 문제입니다. 물론 인사팀은 좋은 인재를 영입하기 위한 채용 시스템을 고민하고 설계합니다. 그리고 효과적인 프레임워크를 구현하는 데 최선을 다합니다. 하지만 실제로 현장에서 인사를 담당하는 것은 각 부서의 팀장입니다. 이력서를 검토하고, 선별하고, 면접을 보는 것 모두 인사니까요. 그러니 인재 확보에 있어 각 부서 현업 팀장의 역할은 누구보다 중요합니다.

콩 심은 데 콩 나고 팥 심은 데 팥 나듯, 좋은 성과를 만들려면 그에 맞는 환경이 갖춰져야 합니다. 그리고 좋은 환경을 갖추는 데 최우선적으로 이뤄져야 하는 일은 다름 아닌 적합한 인재를 확보하는 것이죠. 이를 위해서는 인재를 구분해내는 현업 팀장의 능력이 필수입니다. 저는 이를 '선구안Batting Eye'이라고 부릅니다. 선구안은 본래 야구에서 '투수가 던진 공 가운데 볼과 스트라이크를 가려내는 타자의 능력'을 가리키는 말이지만, 조직에서 사람을 뽑을 때에도 이런 능력이 필요합니다. 볼을 제대로 가려내지 못하고 헛스윙만 하면 보기 좋게 아웃이 되듯, 인재를 제대로 가려내지 못하면 조직이 성장할 수 없기 때문입니다.

채용 과정에서 면접관으로 참여한 팀장들의 모습을 보면 선구안이 좋은 사람과 그렇지 않은 사람의 특징을 알 수 있습니다. 누가 봐도 적절하지 못한 판단을 내리는 팀장도 있고 날카로운 시각으로 합리적인 의견을 제시하는 팀장도 있죠. 이들을 곁에서 지켜보면서 저는 몇몇 공통점들을 찾을 수 있었습니다.

우선 선구안이 부족한 팀장들의 특징은 다음과 같은데요, 면접관이 이런 모습을 보인다면 좋은 인재를 만나기 어렵습니다. 면접을 보러 온 지원자를 면밀하게 볼 수 없으니까요.

첫째, 사전에 이력서를 검토해두지 않습니다. 본인 부서에서 함께 일할 팀원을 뽑는 자리임에도 불구하고 이력서를 꼼꼼히 보지 않았다는 것은 인재를 채용할 의지가 없는 것이나 마찬가지입니다. 업무가 바빠 이력서를 볼 시간이 없었다는 것은 사실 핑계에 불과합니다. 기본적으로 인재에 대한 욕심이 있는 리더라면 어떻게든 시간을 냅니다.

둘째, 주로 닫힌 질문을 합니다. 면접은 사람을 만나는 자리이고 앞으로 함께할 사람을 결정하는 자리입니다. 그런 자리에서 지원자가 자신을 구체적으로 설명할 수 없는, 단답형으로 말할 수밖에 없는 질문이 쏟아진다면 그 면접은 실패라고 봅니다. 지원자의 생각과 업무 역량을 어떤 방식으로 끌어낼지에 대한 고민 없이 진행된 것이기 때문이죠. 미국 전기차기업 테슬라의 창업자 일론 머스크 역시 채용을 중시하는 것으로 잘 알려져 있습니다. 특히 그는 면접에서 과장하거나 부풀려서 답하는 사람을 잘 가려냈는데, 이때 사용한 것이 '비대칭 정보 관리'라는 면접 기법입니다. 이 기법에 따르면 사실을 말하는 사람은 자신의 결백을 증명해 보이기 위해 더 구체적인 내용을 말하려 애쓴다고 합니다. 반면 자신의 결함을 감추려는 사람은 대충 꾸며내거나 간략하게 답합니다. 길게 말하면 탄로 날 것을 알기 때문이죠. 예를 들어 지원자에게 "당신이 감당했던 가장 어려운 문제와 그 문제를 어떻게 해결했는지 말해보세요"라고 물으면, 실제로 어려운 문제를 겪어본 사람은 이를 해결하기 위해 노력한 과정을 하나하나 세세하게 이야기합니다.[*] 이렇게 지원자에게 열린 질문을 함으로써 구체적인 것들을 이야기할 수 있게 해야 진짜와 가짜를 구분할 수 있습니다.

셋째, 대화가 아닌 취조를 합니다. 소위 말하는 '압박 면접'을 해야만 진실을 들을 수 있다고 믿는 사람도 있습니다. 그런데 솔직히 면접관 본인도 그런 상황에 놓인다면 당황스러워 실수하지 않을까요? 강한 정신력을 갖춘 사람을 찾는다는 명목하에 이뤄지는 지나친 취조식 면접은 오히려 채용에 악영향을 끼칩니다. 가끔 합격한 지원자가 면접 과정에 불쾌감을 느껴 입사를 포기하는 경우가 있는데, 이는 명백히 면접관의 잘못이고 책임입니다. 편안한 분위기에서 다양한 주제로 충분한 대화를 나눠야 상대방의 진짜 모습을 알 수 있지 않을까요?

—— [*] "세계 최고 부자가 면접시험 때 꼭 물어보는 질문", 《조선일보》, 2021.02.02.

넷째, 질문의 핵심을 파악하기 어렵습니다. 질문에 부연 설명을 너무 길게 다는 경우입니다. 함께 면접장에 들어간 다른 면접관이 보기에도 횡설수설하는 것처럼 보일 정도죠. 보통 자신이 알고 싶은 것이 무엇인지 정리되지 않은 채 질문하면 그렇게 됩니다. 당연히 그런 질문으로는 지원자의 자질을 정확하게 평가하지 못합니다.

다섯째, 불필요한 질문을 합니다. 최근 모 제약사의 면접 과정에서 면접관이 성차별적 발언을 해 대표가 직접 사과하는 일이 있었습니다. 나이, 성별, 종교를 비롯해 애인이 있는지, 결혼을 했거나 할 예정인지, 자녀가 있는지 등 지극히 개인적인 질문은 (업무의 특성상 꼭 알아야 하는 것이 아니면) 하지 않는 것이 맞습니다. 면접관이란 하나의 역할일 뿐, 갑의 지위를 얻은 것이 아니라는 점에 유의해야 합니다.

반대로 선구안이 좋은 팀장들은 기본적으로 준비성이 좋고 신중하며 생각이 깊었습니다. 이들의 공통점은 다음과 같습니다.

첫째, 지원자에게 궁금한 것을 미리 메모해둡니다. 이는 곧 이력서를 충분히 검토했다는 것을 의미합니다. 현장에서 함께 일할 사람으로서 반드시 알아야 할 사항들을 빠짐없이 확인한 거죠. 인사팀에서 준비한 평가 기준에 자신(혹은 부서)만의 평가

기준을 추가로 활용하는 경우도 있습니다. 이는 좋은 인재를 채용하고자 하는 열의가 있는 사람에게서만 나올 수 있는 준비성입니다.

둘째, 편안한 분위기를 조성하되 날카롭고 열린 질문을 합니다. 대체로 부드러운 표정과 자세, 말투로 면접에 임하고 지나친 압박은 지양하죠. 우선 ① 직무 관련 지식, ② 적용 사례, ③ 구체적 성과, ④ 꼬리를 무는 질문(사실 확인), ⑤ 평소의 생각 등을 꼼꼼히 확인합니다. 그리고 후보자가 최대한 많은 이야기를 할 수 있도록 충분한 시간을 줍니다. 한마디로, 짧게 질문하고 길게 듣습니다. 무엇을 알고 싶은지 잘 정리되어 있기에 가능한 방법입니다.

셋째, 개인의 견해를 묻습니다. 팀장 정도의 경력이면 지원자의 직무 역량 수준은 몇 가지만 확인해봐도 알 수 있습니다. 하지만 사고방식과 가치관은 쉽게 파악할 수 없습니다. 이를 알기 위해서는 견해 중심의 대화를 나눠야 합니다. 특정 주제에 대해 깊이 있는 대화를 이끌어가려면 면접관이 평소에 많은 고민과 사유를 해본 사람이어야 하고요.

이처럼 현업 팀장들이 보다 유의미한 질문으로 지원자들과 편안한 대화를 이끌어갈수록 유능한 인재를 발견할 확률이 높아집니다.

그렇다면 선구안이 좋은 사람과 그렇지 않은 사람의 차이가 발생하는 이유는 무엇일까요? 바로 사고력의 차이 때문입니다. 사고력이 높은 사람은 자신의 직무 전공 분야와 관련해 꾸준한 독서, 업무에 대한 고민, 새로운 시도 등을 통해 다양한 자극을 받습니다. 그러다 보니 생각과 질문의 깊이가 깊어지고 자연스레 좋은 인재를 알아볼 수 있는 역량이 커지는 거죠. 따라서 선구안을 높이기 위한 가장 효과적인 방법은 사고력을 높이는 것입니다. 꾸준히 독서하고 생각을 정리하고 나누는 습관, 어떤 사안에 대한 나의 견해를 정리하고 제시하는 습관을 통해서 말이죠. 하루아침에 이 모든 것들이 이루어지지는 않겠지만, 사고력을 높이기 위한 훈련을 계속해서 해나간다면 사람을 보는 눈, 즉 선구안을 기르는 데 분명 도움이 될 것입니다.

좋은 성과는 좋은 환경에서 만들어진다는 사실을 기억하세요. 더불어 좋은 환경은 좋은 인재가 함께해야 가능하다는 것도 잊지 마세요. 여러분이 선구안을 기르기 위해 투자한 시간과 노력은 틀림없이 스스로와 조직의 성장이라는 열매를 맺을 겁니다.

팀원의 욕구를
파악하라

직장인들이 조직을 떠나는 이유는 무엇일까요? 저는 오랜 시간 동안 인사 직무를 수행하고 채용을 담당하면서 많은 이력서를 봐왔습니다. 그 경험에 비추어볼 때 사람들이 이직하는 이유 중 가장 많이 언급됐던 것은 연봉, 업무 관련 문제, 비전의 부재(경영진에 대한 불신) 이 세 가지였습니다. 기업 정보 플랫폼 잡플래닛에서 2017년부터 2019년까지 3년간 직장인의 퇴사 이유에 대해 조사한 설문 결과에서도 연봉이 부동의 1위를 차지했고요. 동시에 경영진에 대한 불신, 상사나 동료와의 관계 등의 비중이 점점 증가하고 있는 것이 눈길을 끕니다.

▶ 직장인들이 조직을 떠나는 이유

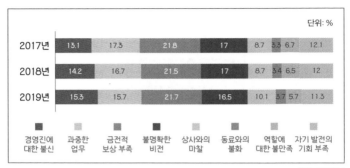

단위: %

	경영진에 대한 불신	과중한 업무	금전적 보상 부족	불명확한 비전	상사와의 마찰	동료와의 불화	역할에 대한 불만족	자기 발전의 기회 부족
2017년	13.1	17.3	21.8	17	8.7	3.3	6.7	12.1
2018년	14.2	16.7	21.5	17	8.7	3.4	6.5	12
2019년	15.3	15.7	21.7	16.5	10.1	3.7	5.7	11.3

출처: 잡플래닛

　따지고 보면 조직의 비전이나 업무 관련 문제도 결국 상사와 연결되어 있습니다. 제 경우를 예로 들자면 조직의 비전과 경력개발(업무 확장)이 가장 큰 이직 사유였습니다만, 고백하건대 그 안에 상사가 있었습니다. 상사는 저의 이직에 직·간접적으로 영향을 주었죠. 내가 다니는 회사의 장래를 가늠하는 것도, 업무 만족도도, 금전적 보상에 대한 것도 모두 상사를 빼고 생각할 수 없으니까요.

　좋은 성과를 만들기 위한 첫 단추가 좋은 인재들로 조직을 구성하는 것(선구안)이라면, 두 번째는 조직 관리(사람 관리)를 잘하는 것입니다. 기껏 채용한 인재들이 입사한 지 얼마 안 되어 퇴직하는 것은 팀장 본인의 평판에도 좋지 않고 조직 차원에서도 자원의 손실이기 때문입니다. 팀원이 회사를 그만두면, 특히 입사한 지 얼마 안 된 직원이 나가면 그 사람에게 어떤 문제가 있었는지에 주목하곤 합니다. 하지만 상황을 조금 자세히 들여다보면 팀장의 무관심한 태도나 불쾌한 말투, 무리한 업무 지시, 일방적 소통 방식 등이 퇴사의 원인이 된 경우도 많습니다. 앞서 보았던 잡플래닛 설문 결과에서도 '상사와의 마찰'로 퇴사했다는 응답자 비율이 2017년 8.7%에서 2019년 10.1%로 증가했고, '경영진에 대한 불신' 때문이라고 답한 비율은 2017년 13.1%에서 2019년 15.3%로 늘었습니다. 상사, 더 넓게 보자면 '사람'과의 문제가 갈수록 중요해지고 있다는 것이죠.

그럼 조직 관리는 어떻게 해야 할까요? 조직 관리는 무조건 팀원에게 잘해주자는 것이 아닙니다. 좋은 사람이 되자는 것도 아니고요. 그렇다고 팀원들의 일거수일투족을 주시하자는 것도 아닙니다. 좀 더 전략적인 접근이 필요하다는 것입니다.

조직 관리에 나서기에 앞서 우리는 "팀원들이 무엇을 위해 회사에 다니는가"라는 근본적 문제를 생각해봐야 합니다. 팀원들의 욕구를 알아야 무엇을 원하는지 알 수 있고, 그래야 팀장으로서 전략적 대응이 가능해지거든요. 팀원들의 욕구는 저마다 다릅니다. 어떤 사람은 성장 욕구가 강하고(도전), 어떤 사람은 사람들과의 관계에 가치를 두며(관계), 어떤 사람은 장기근속을 목표로 삼기도 합니다(안정).

이처럼 다양한 욕구들을 이해하려 노력하는 것만으로도 팀원들은 팀장에게 고마움을 느낄 겁니다. 그 고마움은 일과 직장 생활의 만족도를 높이는 데 일조할 거고요. 팀장 역시 팀원들이 조직에 몰입한 덕에 많은 것을 얻습니다. 우선 팀원들의 자발성이 강해지며 일에 대한 열의가 높아집니다. 팀원들이 성장하면 팀 전체의 분위기가 좋아지고 역량도 함께 올라가죠. 결과적으로 팀원의 욕구를 이해하는 것은 팀원과 팀장 모두에게 윈-윈인 전략인 셈입니다.

직장 생활을 하던 시절, 제가 출근해서 제일 먼저 했던 일은 팀원들과 티타임을 가지며 담소를 나누는 것이었습니다. 내 팀의 구성원들이 각자의 경력에 대해, 우리가 다니는 회사에 대해, 함께 수행하는 일에 대해 어떻게 생각하는지 궁금했기 때문입니다. 즐거운 분위기 속에서 차를 마시며 이런저런 이야기를 나누다 보면 정서적으로 가까워지고 서로를 조금씩 더 알게 됩니다. 무엇보다 그들이 직장에서 무엇을 얻고자 하는지 알 수 있다는 게 가장 좋은 점이죠. 티타임을 통해 팀원들을 파악한 후 저는 개개인의 스타일에 맞춰 팀을 운용해나갔습니다. 성장을 원하는 팀원에게는 좀 더 도전적인 일을 맡기고 무언가 성취할 수 있는 상황을 마련했습니다. 안정을 선호하는 직원에게는 체계적인 관리 업무를 맡겼고, 사람과의 관계를 중요하게 생각하는 팀원에게는 사람들 앞에 나설 기회를 적극적으로 만들어쳤고요. 간혹 아무런 의욕이 없는 팀원이 있으면 그 이유를 알고자 노력했습니다. 슬럼프에 빠졌다면 반드시 원인이 있을 테니까요.

물론, 한 팀에서 맡은 모든 일과 프로젝트를 100% 팀원 맞춤형으로 진행하는 건 현실적으로 불가능합니다. 하고 싶은 일과 해야 하는 일은 엄연히 다르기 때문입니다. 그래도 되도록 팀원들의 관심과 욕구에 맞게 업무를 개발하고 더 적극적으로 일하고 싶다는 마음이 들게 해야 합니다. 그렇습니다. 제가 이야기하는 조직 관리의 핵심은 팀원들의 '자가 동력'을 불러일으키는 것입니다.

팀의 결속력은 팀장의 뛰어난 영도력領導力에 달려 있지 않습니다. 팀의 성과 또한 뛰어난 한 사람의 리더가 모든 것을 이끌고 이룬 결과가 아닙니다. 팀원들이 진심으로 뭉쳐 공동의 목표를 향해 나아갈 때 비로소 진짜 성과를 달성할 수 있습니다. 이를 위해 우리는 팀원들을 진심으로 움직일 수 있어야 합니다. 진정으로 사람을 움직이고 싶다면 그 사람의 내면에 감춰져 있는 욕구를 알아내야 합니다. 사람은 기본적으로 자신을 알아주고 인정해주는 상대를 따르기 때문입니다. 팀장도, 임원도, 심지어 대표이사도 내면의 욕구가 있고, 모두 자신의 내적 동기에 의해 움직이죠. 그것을 빨리 알아채는 이가 조직과 사람을 움직이는 리더가 됩니다.

이제 막 팀장 자리를 맡은 이들 중에는 리더십 책부터 찾아 읽는 경우가 더러 있습니다. 부족한 부분을 채우고 공부하겠다는 생각은 좋습니다. 그러나 실전에서 리더로서 배워야 하는 포인트는 검증된 이론이나 유명한 기업가들의 발자취에 있지 않습니다. 그 내용이 가치 없다는 것은 아니지만, 아쉽게도 그 책을 읽는다고 우리의 일이 이론대로 혹은 그 사람이 겪었던 대로 똑같이 흘러가지는 않습니다.

우리의 현실에서 우리만의 방법을 찾아내야 합니다. 여러분이 어떤 행동을 하고 어떤 말을 건넸을 때 팀원들의 눈빛이 변하는지 늘 예민하게 살펴보기 바랍니다. 눈빛이 변하는 순간이 반드시 있을 거예요. 그때가 바로 그들의 욕구가 여러분의 말과 행동에 '코딩'되는 순간입니다. 그리고 그 순간이 팀장의 리더십에 시동이 걸리는 순간입니다.

'온 더 테이블' 문화를 구축하라

제가 사원일 때의 일입니다. 업무 중 실수가 발생했고, 당시 상사였던 차장님에게 즉시 보고를 해야 했죠. 하지만 저는 그러지 못했습니다. 도저히 보고할 수가 없었습니다. 보고하자마자 불벼락이 떨어질 것을 알았기 때문입니다. 상사가 두려웠던 겁니다. 매도 먼저 맞는 게 낫다는 말이 있듯 빨리 혼나고 바로잡으면 될 텐데, 저는 왜 속으로 괴로워하기만 했을까요? 퇴근을 했지만 당연히 마음이 불편했습니다. 그렇게 저는 문제를 묵히고 묵히다 일이 커질 대로 커져서 더 미룰 수 없어진 다음에야 어쩔 수 없이 보고를 했습니다. 예상대로, 저는 어마어마하게 깨졌습니다. 스스로가 부끄럽고 한심하다는 생각에 한동안 힘들었고요.

그 사건 이후 저는 꽤 깊은 고민에 빠졌습니다. 내가 무엇을 개선해야 할지 고민하다 문득 또 다른 의문들이 생겼습니다. '나는 왜 그토록 두려웠을까?', '내가 만약 상사였다면 어떻게 해야 했을까?', '리스크를 사전에 방지할 수는 없었을까?', '정확히 무엇이 잘못됐던 것일까?', '일 못하는 팀원을 탓하는 것말고 다른 해결책은 없는 걸까?'……. 꼬리에 꼬리를 물고 생각이 이어졌습니다. 당시 제가 많이 부족했던 것은 명백한 사실입니다. 특히 업무 중에 저지른 과실을 제때 보고하지 않은 것은 큰 잘못이었죠. 하지만 상사의 역할에 아쉬운 마음도 듭니다. 그분은 주로 결과만 보고받는 판관형 리더였기 때문입니다. 어디에서 어떤 일이 벌어지고 있는지, 어떤 문제가 있는지, 해결하기 어려운 이슈는 없는지, 일이 올바른 과정으로 진행되고 있는지 등 팀에서 수행하는 프로젝트 전반에 대해 보다 깊은 관심을 기울여야 했던 것은 아니었을까요?

리더가 조직을 이끌 때 꼭 해야 하는 일 중 하나는 조직 내의 두려움을 없애는 것입니다. 조직 안에서 행해지는 모든 일, 그중에서도 잘못됐거나 잘못될 가능성이 있는 일, 실수하거나 깜박한 일, 숨기고 싶은 일일수록 팀장과의 대화 테이블에 꺼내놓을 수 있어야 합니다. 쉽지 않은 일이죠. 내가 잘한 일은 부풀리고 잘하지 못한 일은 감추고 싶어하는 것은 인간의 본능과도 같으니까요. 하지만 조직에서는 모든 일을 숨김없이 드러내어 객관적으로 볼 수 있어야 합니다. 그럼으로써 자신이 불리한 상황에 처할지라도 말입니다. 조직에 팩트가 없어지는 순간 성과는 왜곡됩니다. 오죽하면 본래 사실과 진실을 전하는 것이 목적인 뉴스에도 팩트를 체크하는 코너가 별도로 생겼을까요. 이는 사실과 본질을 흐리는 요소들이 갈수록 많아지고 있음을 의미합니다.

저는 조직에 투명성을 부여하기 위한 행동들을 아울러 '온 더 테이블On The Table 문화'라고 부릅니다. 팀장과의 대화 테이블에 어떤 이야기를 내놓아도 내가 위험해지지 않는다는 인식이 조직 내에 뿌리내리도록 하는 것이죠. 내가 위험해질 거라는 생각이 없어지면 팀원들은 더 많은 이슈를 테이블에 올릴 겁니다. 그럼 어떻게 해야 온 더 테이블 문화를 만들 수 있을까요? 팀원들과 정서적으로 더 친해지면 될까요? 팀원들이 잘못하더라도 너그럽게 넘어가면 될까요? 그건 아닙니다. 그러면 팀의 기강이 무너지겠죠. 팀원들의 두려움이 없어지는 순간은 바로 팀장의 공정함을, 최소한 공정하기 위해 노력하는 모습을 목격했을 때입니다. 그럼 '팀장의 공정함'이란 무엇일까요? 공정한 팀장의 기준을 몇 가지 이야기해보자면 다음과 같습니다.

▶ 온 더 테이블 문화

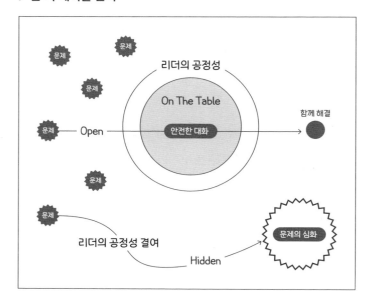

첫째, 친밀도에 따른 후광효과가 없습니다. 팀장도 사람이니 어쩔 수 없이 좀 더 친한 팀원이 있을 수밖에 없죠. 친한 이유로는 여러 가지가 있겠지만 팀원의 공과에 있어 팀장은 누구에게나 어떤 상황에서나 같은 기준으로 판단해야 합니다. 평소 잘하는 팀원이니 절대 실수하지 않을 것이라는 생각을 경계해야 하죠. 공과는 반드시 팩트를 중심으로 평가되어야 합니다. 사람에 따라 칭찬과 질책의 정도가 달라진다면 팀원들은 여러분의 공정성을 의심할 겁니다.

둘째, 성과를 부풀리거나 실수를 포장하는 사람을 용납하지 않습니다. 어느 조직이든 말로 포장을 잘하는 사람이 있기 마련입니다. 이들에게는 누가 봐도 실패한 프로젝트인데 몇 개의 단어로 프레임을 바꿔 다르게 보이게끔 만드는 능력이 있습니다. 예컨대 '실패'라는 단어 대신 한 단계 '도약'했다거나 유익한 '교훈'을 얻었다는 식으로 말이죠. 설령 그것이 진실이라 해도 결과에 대한 판단은 분명히 해야 합니다. 원인과 과정을 분석해 다음 기회를 도모하는 것은 의미가 있지만, 그것이 실패한 프로젝트라는 사실 자체를 덮을 수는 없습니다. 그 차이를 구분하지 못하는 리더가 이끄는 조직의 공정성은 언어의 연금술사들로 인해 끊임없이 흔들리게 됩니다.

셋째, 선先 문제 해결과 후後 질책을 원칙으로 삼고 만회할 기회를 줍니다. 분노가 서린 책임 추궁은 문제 해결에 전혀 도움이 안 됩니다. 팀원과 함께 문제 해결에 집중한 후에 질책을 해도 늦지 않습니다. 감정에 치우치지 않는 것은 공정한 리더에게 꼭 필요한 자질입니다.

공정한 리더의 기준은 이외에도 많을 겁니다. 개인에 따라, 또 팀에 따라 다를 거고요. 팀을 운영하면서 겪게 되는 많은 사례들을 복기하며 나만의 공정함을 구축해나가는 것도 좋은 방법입니다.

마지막으로, 온 더 테이블 문화는 팀원을 위한 것인 동시에 팀장 본인을 위한 것이기도 하다는 사실을 기억해야 합니다. 크든 작든 조직을 운영하다 보면 알게 모르게 진실이 숨겨지거나 성과가 과대 포장되는 일이 비일비재하니까요.

움직이게 만드는 목표가
진짜 목표다

대부분의 조직들은 해마다 목표를 설정합니다. 그 과정과 방식에는 저마다 조금씩 차이가 있겠지만 팀장의 목표가 곧 팀의 목표가 되고, 이를 중심으로 각 팀원의 목표가 정해진다는 원칙은 크게 다르지 않을 겁니다. 다시 말해 팀의 목표 수립 과정은 위로는 회사 전체의 사업 계획에 부합해야 하고, 아래로는 팀원의 업무와 밀접하게 연결돼야 하는 중요한 경영 활동입니다.

목표는 조직과 개인이 나아가야 할 방향을 알려주는 지도이자 나침반입니다. 도달해야 할 곳이 어딘지 모른 채 끝없이 펼쳐진 망망대해를 항해해야 한다면 그 배에 오른 선원들의 마음은 어떨까요? 아마도 모든 의욕이 꺾이고 말 것입니다. 목적지를 모른다면 계속 노를 저어봤자 아무 소용없을 테니까요. 결국 목표는 조직과 개인의 생존에 직결됩니다.

그렇다면 우리는 목표의 중요성에 대해 얼마나 이해하고 있을까요? 혹시 목표를 세우는 과정에서 가슴이 뛴 적 있나요? 목표를 세우고 난 뒤 어서 빨리 일을 하고 싶었던 적이 있나요? 제가 이런 질문을 받는다면, 솔직히 저는 그리 긍정적인 답변이 나올 것 같진 않습니다. 모두 목표가 중요하다고 말하고 계속해서 목표를 세우지만 어쩐지 망망대해에 서 있는 듯한 막연함과 무력감은 사라지지 않죠. 왜 그럴까요? 왜 우리의 목표는 내 가슴을 뛰게 만들지 못할까요?

첫째, 목표 수립을 일상적이고 습관적인 업무라고 생각하기 때문입니다. 늘 목표를 세우던 시기가 돌아왔으니까 목표를 세우는 겁니다. 당연히 해야 할 일을 적는 것일 뿐, 목표 수립이라는 행위에 큰 의미가 없다고 생각하는 거죠. 여기엔 새로움이 없고 도전도 없습니다. 그러니 열의도 없습니다.

둘째, 목표에 마음이 동動하지 않아 진심으로 집중할 수 없기 때문입니다. 연봉, 성과급, 승진 등 외적 보상에는 한계가 있고 공정성 문제가 거론되기 쉽습니다. 좋은 보상에 대한 고마움은 처음 몇 번에 그치고 점차 줄어들다 종국엔 보상을 당연시하기도 합니다. 결과적으로 주어진 보상만큼만 일하게 되는 것입니다. 팀원들을 '진심으로' 움직이려면 비전과 공감을 보여줘야 하고, 이는 목표 설정 단계에서도 필수입니다. 마음을 움직이지 못하는 목표가 그 역할을 제대로 다할 수 있을까요?

셋째, 부족한 목표로도 어찌어찌 한 해를 꾸려나갈 수 있기 때문입니다. 내가 목표를 좀 대충 세운다고 당장 회사가 망하는 것도 아니고 나 또한 대충 2~3년 일하다가 다른 곳으로 이직하면 그만이라고 생각하는 거죠. 이 회사가 딱히 나를 감동시킬 가치와 비전을 보여주지도 않고요.

여러분은 어떻게 생각하시나요? 이 예시들이 다소 극단적일 수도 있고 일반화하기에는 무리일지도 모릅니다. 하지만 회사를 좀 다녀본 분들은 내심 고개가 끄덕여지거나 괜스레 움찔하게 되지 않나요?

저는 오래전부터 조직이 목표를 수립하는 과정에 회의적인 시각을 가지고 있었고, 이를 개선하기 위해 많은 시간과 노력을 기울여왔습니다. 목표에 목적이 보이지 않았기 때문입니다. 목표에 대해서는 수없이 회의하고 대화를 나눴지만 정작 목표를 세워야 하는 '이유'에 대해 말하는 사람은 거의 본 적이 없습니다. 우리 회사의 비전이 무엇인지, 그것을 성취함으로써 각 구성원들이 어떤 경험을 축적할 수 있는지, 나와 회사 모두가 얼을 수 있는 이익은 무엇인지 등등의 이야기는 오가지 않죠. 왜 달려야 하는지 모른 채 그저 열심히 달리고만 있는 겁니다.

그렇다면 우리는 왜 '목표의 목적'에 대해 이야기하지 않는 걸까요? 본질이 가려져 있기 때문입니다. 나는 왜 경영을 하는가? 나는 왜 기업을 일으켰는가? 우리는 왜 목표가 필요한가? 성과를 통해 회사는 무엇을 얻고 구성원들은 무엇을 얻을 수 있는가? 이와 같은 미션(존재 이유)과 사람의 기본적 욕구(동기)에 닿는 질문을 던지지 않았기 때문입니다. '뭐, 목표 하나를 세우는 데 그런 거창한 질문까지 해야 하나?' 하는 의문을 품는 사람도 있을 것입니다. 하지만 찬찬히 생각해봅시다. 기업 경영에서 일어나는 모든 문제는 본질이 흐려지는 데에서부터 시작된다는 것을 잊어서는 안 됩니다.

문제와 위기는 어느 날 갑자기 찾아오는 게 아닙니다. 응당 있어야 할 것이 없는 결핍이 축적되고 부당한 것을 모른 척하는 외면이 거듭되어 만들어진 결과물이죠. 성과 목표가 하나의 거대한 배라면, 목적과 본질이 부재한 배는 거센 파도 한 번에 산산조각 나버릴 겁니다. 그럼 잘 수립된 목표는 어떤 모습일까요? 어떤 배를 만들어야 드넓은 바다 위를 거침없이 항해하고 무사히 목적지에 도착할 수 있을까요? 사실 좋은 목표를 알아보는 것은 생각보다 쉽습니다. 최고의 목표는 사람들의 눈빛을 변하게 만드는 목표입니다. 목표 자체가 스스로에게 멋진 경험이 될 수 있다면, 자신에게 도움이 될 포인트가 보인다면 팀원들의 눈빛과 태도는 달라집니다. 왜냐고요? 바로 나 자신을 위한 것이니까요. 나를 위한 일을 대충 넘기는 사람은 아직 보지 못했습니다.

그래서 조직의 목표와 팀원의 목표가 개인의 이익과 동떨어져서는 안 됩니다. 그 접점을 찾기가 힘들다고 말할 수도 있겠지만 함께 머리를 맞대고 고민해보면 회사의 이익과 개인의 이익이 모두 실현되는 부분을 발견하게 될 겁니다. 저는 이것을 '조인트 포인트Joint Point'라고 부릅니다. 조인트 포인트는 사람을 진심으로 움직이는 목표의 밑거름이 됩니다.

조인트 포인트를 찾으려면 반드시 거쳐야 하는 작업이 있

▶ **조인트 포인트 영역**

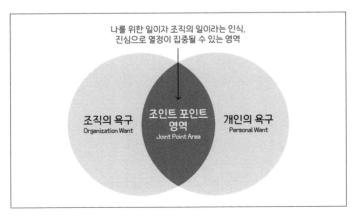

습니다. 바로 다음의 질문들에 대해 토론하고 해답을 찾는 일입니다. 이 작업은 목표 수립에 있어 무엇보다 먼저 이뤄져야 하고, 마음에 닿는 목표를 세우는 출발점이 됩니다. 그럼 이제, 질문들을 하나씩 읽으며 직접 답을 해보는 시간을 가져봅시다. 그다음에 목표를 다시 만들어보세요. 분명 차이가 있을 겁니다. 내가 세운 목표가 그저 일상적인 것인지 아니면 내 심장을 뛰게 만드는 것인지 알게 될 거예요. 그리고 이 질문들을 팀원들과 함께 고민한다면 모두가 공감하고 모두를 움직일 수 있는, 목적이 있는 목표를 찾아낼 수 있을 것입니다.

조인트 포인트를 찾는 질문들

- 회사와 조직의 비전을 팀원들과 함께 이야기할 수 있는 목표인가?(비전과 공감)
- 우리가 수립하고자 하는 목표는 무엇을 위한 것인가?(나와 회사의 이익)
- 회사는 무엇을 얻을 수 있고 나는 그 과정에서 무엇을 가져갈 수 있는가?(나와 회사의 이익)
- 목표 달성을 통해 나는 좀 더 가치 있는 일을 할 수 있는가?(일의 가치)
- 나를 성장시킬 수 있는 목표인가?(일의 가치)
- 앞장서서 제대로 된 전략과 전술을 설계할 능력이 있는가?(리더십)
- 나는 이 과정을 주도할 수 있는가? 내 생각이 있는가?(리더십)

- 팀원들과 허심탄회하게 대화할 수 있는가?(비전과 공감)
- 회사는 직원들의 마음을 움직일 수 있는 진심이 있는가?(비전과 공감)

여기서 끝이 아닙니다. 한 걸음 더 나아가기 위해서는 더 중요한 것을 가려내는 질문을 던져야 합니다. 목표를 세울 때 일의 가치와 우선순위를 잘못 판단하는 경우도 있으니까요. 제2차 세계대전을 승리로 이끌고 미국의 34대 대통령을 역임한 드와이트 아이젠하워는 이렇게 말했습니다.

"중요한 일이 급한 경우는 거의 없고 급한 일이 중요한 경우도 드물다."

성공하는 리더가 되려면 중요한 일과 긴급한 일을 잘 구분해야 합니다. 저는 이를 '가르마 타기'라고 하는데요, 가르마 타기는 다음의 네 가지 질문으로 구성됩니다.

더 중요한 일을 결정하기 위한 '가르마 타기' 질문들

1. 빨리 처리해야 하는 일인가?
   → 시급한 일: 지금 안 하면 위험해질 수 있다.
2. 하면 안 되는 일인가?

→ 시급하지도 않고 중요하지도 않은 일: 에너지 낭비
3. 하면 좋은 일인가?
  → 곧 중요해질 일: 중장기적으로 반드시 해야 한다.
4. 반드시 해야 하는 일인가?
  → 시급하고 중요한 일: 주로 갑작스럽게 발생하는 일

한 조직을 이끄는 팀장은 일만 잘한다고 되지 않습니다. 단순히 일을 잘 시키는 사람도 아닙니다. 사람들로 하여금 어떤 일을 하고 싶어지도록 만드는 사람이죠. 그러니 목표를 세우는 일에 진심을 더하고, 신중을 더하고, 또 열정을 더해야 합니다. 또한 가르마 타기 질문을 활용해 일의 시급성과 중요성

▶ '더 중요한 일'의 기준 - 시급성과 중요성

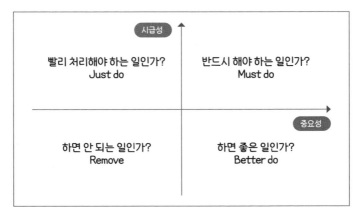

의 균형을 맞출 수 있어야 합니다. 그래야 팀원들이 헷갈리지 않습니다.

팀장인 여러분이 꼭 해야 할 일이 있습니다. 그것은 바로 팀원들로 하여금 움직이고 싶은 목표를 인식하게 하는 것입니다. 조인트 포인트를 찾는 질문과 가르마를 타는 질문을 함께 던져보기 바랍니다.

To Be vs Be To

제게 성과 달성을 위해 가장 필요한 두 가지를 꼽아보라면 성취 동기와 업무력이라고 답할 겁니다. 이를 조금 다른 말로 바꿔서 이야기해봅시다. 성과를 만들기 위해 필요한 것은 무엇일까요? 그것은 바로 현재 상태와 개선되어야 할 상태의 간극^{gap}을 메우는 것입니다. 쉽게 말해 별로인 상태에서 좋은 상태로 이동하기 위해 필요한 것이 무엇인지 알고 그것을 행하는 것인데요, 그 과정을 'As-Is, To-Be' 분석이라고 합니다. 기획서나 사업계획서에 SWOT$^{Strength, Weakness, Opportunity, Threats}$ 분석과 함께 등장하는 단골 메뉴죠.

그런데 As-Is, To-Be 분석을 들여다보면 좀 허전한 부분이 있습니다. 현재의 모습과 개선되어야 할 모습 사이의 간극을 어떻게 메울 것인지는 To-Be로 표현되지만, 가능한 역량이 확보됐는지, 이를 어떻게 확보해야 하는지 등 사람에 관한 고민은 보이지 않죠. 즉, 역량의 간극을 메우기 위한 개발 방안이 보이지 않습니다. 목표를 수립할 때 '왜Why, 무엇을What, 어떻게How'는 고려하면서 내 조직의 역량 수준에 대해서는 깊게 고민하지 않는다는 뜻입니다. 역량 간극을 메우기 위한 구성원 개발 방안은 교육부서에서 수립하는 전사 교육계획 차원에서만 모색해야 하는 건 아닙니다. 해당 부서 팀장도 우리 조직의 실력을 냉정하게 진단하고 필요한 역량을 적극적으로 확보해야 합니다.

저는 이러한 시도와 노력을 'As-Is, To-Be'가 아닌 'As-Is, Be-To(무엇을 위해 어떤 사람이 되어야 하는가)'로 표현하고자 합니다. 이는 To-Be와 함께 이를 수행할 사람의 최적역량을 의미합니다. 다시 말해 Be-To는 '내가 열정적으로 성취하고 싶은 것, 달성하고 싶은 목표를 이루려면 나는 어떤 사람이 되어야 하는가?'에 대한 고민과 해답이라고 할 수 있습니다.

그럼, 최적역량은 어떻게 끌어낼 수 있을까요? 이는 해당 부서의 팀장이 주도적으로 고민해야 할 일입니다. 내 팀원들의 능력은 내가 가장 잘 아니까요. 제가 정말로 하고 싶은 말은 무엇을 어떻게 해야 교육 효과가 좋아질 것인가가 아니고 팀장의 책임감에 대한 것입니다. 아무리 좋은 교육 프로그램을 도입해도 교육 대상자의 의지(동기)와 팀장의 관심(Be-To에 대한 생각)이 모아지지 않으면 임직원육성 프로그램은 그저 돈 많은 기업의 복리후생이나 외부 홍보용 장치로 전락할 수밖에 없기 때문입니다. 그래서 저는 우리 팀의 최적역량을 어느 정도로 개발해야 할지 대략적으로나마 감을 잡을 수 있도록 간단한 공식을 마련해봤습니다.

최적역량 개발지수 = {목표 수준(도전 수준) × 일의 의미} - 팀원 역량 수준
(각 항의 값은 가장 낮은 경우를 1, 가장 높은 경우를 10라고 했을 때의 상대치를 대입)

이 공식에 따라 계산했을 때 결괏값이 높을수록 개발 수준과 강도도 높아져야 합니다. 이 공식은 팀장 개인의 판단에 따라 숫자를 대입해 산출하는 것인 만큼, 체계적이거나 학술적이라고 말하기는 어렵습니다. 하지만 내 팀의 역량개발 방안을 찾을 길이 막연할 때, 길잡이로써 참고할 데이터로는 충분히 쓰임이 있을 겁니다.

팀원의 최적역량을 개발하려면 팀장의 성과 코칭이 필요합니다. 최적역량 개발지수가 높을수록 더더욱 그렇죠. 성과 코칭에 특별한 방법이나 정해진 룰은 없습니다. 팀원들에게 꾸준히 관심을 기울이고 대화하며 그들이 무엇을 하고 싶고 무엇이 되고 싶은지 공감하고 알아내면 됩니다.

제가 조직개발실장이었을 때의 일입니다. 당시 저희는 팀 목표를 수립하는 과정에 있었고 저는 이에 관해 팀원들과 이야기를 나눠야 했죠. 그때 제가 대화의 포문을 열며 팀원들에게 건넨 질문은 무엇이었을까요? 그것은 앞으로 그들이 되고 싶은 모습과 하고 싶은 것, 성과를 위해 변화하고 싶은 것들에 대한 이야기였습니다.

되고 싶은 모습

1. 적게는 2년, 많게는 5년 후 나는 무엇이 되어 있을 것인가?
2. 나는 궁극적으로 어떤 사람이 되고 싶은가?

하고 싶은 것

1. 회사 일과 내가 앞으로 하고자 하는 일 사이에 어떤 조인트 포인트가 있는가?
2. 회사 일과 내가 앞으로 하고자 하는 일의 차이점은 무엇일까?
3. 지금 하고 싶은 것과 앞으로 하고 싶은 것은 무엇인가?
4. 원하는 바를 성취하기 위해 내가 개선해야 할 부분이 있을까? 있다면 그것은 무엇일까?

성과를 위해 변화하고 싶은 것

1. 개선 포인트를 알았다면 앞으로 난 무엇을 어떻게 공부해야 하는가?
2. 어떤 도전적인 일로 성장할 것인가?
3. 누구에게 어떻게 피드백 받아야 할까?

이와 같은 질문들로 시작된 대화는 대부분 스스로 답을 찾는 과정으로 이어졌습니다. 저도 예외는 아니었죠. 우리는 스스로 만들어낸 과제에 도전하기 위해, 그리고 나와 회사의 성장을 위해 어떤 부분을 더 공부하고 익혀야 할지 찾고 발견하고 학습했습니다.

당시 저도 팀원들도 열심히 공부했고 그것을 일에 녹여내려 노력했습니다. 매번 새로운 도전이었고 힘든 일이었지만 모든 경험이 나의 자산으로 쌓인다고 생각하니 누가 독려하거나 재촉하지 않아도 힘이 나더군요. 저는 당시 팀원들에게 "모든 일을 이번이 마지막이라는 생각으로 하자"라고 했고, 실제로 모두가 그렇게 했습니다. 미래에 더 훌륭한 일을 해내기 위해서라도 우리는 '마땅히 되어야 할 사람(Be-To)'이 되어야 했으니까요. 그리고 결국 성장했습니다. 지금 돌이켜보면 그 어떤 역량개발 프로그램보다 강력했던 것 같습니다. 스스로 동기가 부

▶ 최적역량 개발을 위한 성과 코칭

되고 싶은 모습
미래 커리어에 대한
기대에서 출발

하고 싶은 일
일을 통해 개인적으로 얻고자
하는 것과 회사 성과의
공통점 및 차이점 파악, 업무에 집중

개발 이후 목표 재점검

변화하고 싶은 것
하고 싶은 일을 할 수 있도록
실천 가능한 학습과 도전에 대한 피드백

여되어 치열하게 공부하고 실천했고, 실패하면서도 또다시 도전했기 때문입니다.

팀장으로서 조직과 개인의 진정한 성과를 원한다면 우리들이 미래에 되어 있어야 할 진정한 모습에 더 많은 관심을 쏟아야 합니다. Be-To가 제대로 준비되어 있다면 To-Be는 자연스럽게 따라올 겁니다. 이젠 To-Be보다 Be-To입니다.

일은 맡기는 것이 아닌 소유하게 하는 것이다

실패하는 모든 일에는 '과신'이 있습니다. 기업 경영에서부터 작게는 한 프로젝트를 맡아 운영하는 데까지, 주의하지 않으면 스스로를 과신의 늪에 빠뜨리게 되죠. 팀의 중요한 일은 내가 직접 맡아야 잘될 것 같고 완성도도 높을 것 같다는 생각, 아마 팀장이라면 누구나 한 번쯤 해봤으리라 짐작합니다. 하지만 좋은 성과를 내는 팀을 살펴보면 팀장이 일을 장악하되 마이크로 컨트롤을 하지는 않습니다. 팀 업무의 전체적인 흐름과 상황을 잘 파악하고 있지만, 각자의 일은 팀원들이 책임감을 갖고 주도적으로 하게 만들죠. 팀원의 일에 팀장이 직접 개입해야 하는 상황이 많아진다면 궁극적으로 좋은 성과를 내지 못할 가능성이 큽니다. 팀 전체의 역량을 끌어올리지 못한 것이니까요.

물론, 팀장이 직접 챙겨야 할 일들도 많습니다. 업무 장악력은 팀장이 갖춰야 할 주요 자질 중 하나이기도 하죠. 하지만 그 수준이 과도해지면 이는 곧 스스로에 대한 과신과 팀원들에 대한 불신으로 이어집니다. 자신만을 믿는 팀장은 팀원들을 무능하게 만들고 맙니다.

아주 예전부터 지금까지 회사가 직원들에게 일관되게 요구하는 것이 있습니다. 바로 주인의식입니다. 저 역시 주인의식이 중요하다고 생각합니다. 그런데 제가 말하고자 하는 주인의식은 '회사의 주인'이 되자는 것이 아닙니다. '일의 주인'이 되는 것입니다. 현실적으로 볼 때 평범한 직원이 그 회사의 주인이 될 가능성은 희박합니다. 하지만 일의 주인은 될 수 있죠. 달리 말하자면 일에 대한 수동적 당위성이 아닌 일 자체가 내 것이 될 수 있다는 능동적 소유성을 갖자는 이야기입니다. 나아가 팀 전체가 좋은 성과를 내려면 팀원들이 일의 소유자가 되어야 합니다. 이것이 바로 '임파워먼트Empowerment'입니다. 즉, 임파워먼트는 일의 주인이 누구인지에 대한 것입니다.

다음은 '매슬로 욕구 단계설'로 유명한 심리학자 에이브러햄 매슬로Abraham H. Maslow의 저서 《인간욕구를 경영하라》에 나오는 일화입니다. 아메리카대륙 미시시피강 유역에 블랙풋^{Blackfoot}이라 불리는 인디언 부족이 살고 있었습니다. 이들은 저마다 기능별로 다양한 리더들을 두었고, 부족 전체의 전권全權을 지닌 리더는 두지 않았습니다. 블랙풋족은 매년 선댄스^{Sun Dance}(북아메리카의 일부 인디언 부족이 태양을 바라보며 춤을 추는 의식) 축제를 열었는데, 이들은 한 리더가 선댄스 축제를 주관하더라도 부족 전체를 이끌지는 않았다고 합니다. 그저 각각의 일마다 필요한 조건에 따라 리더를 선택했을 뿐입니다. 이는 임파워먼트의 좋은 예라고 생각됩니다. 임파워먼트란 일을 단순히 맡기는 것이 아니라 블랙풋 인디언처럼 기능별로, 맡은 업무에 따라 팀원들 스스로 리더가 되게 하는 것입니다. 즉, 각 업무 기능의 리더들이 맡은 일의 주인이 되는 것이죠.*

제가 처음으로 일의 주인이 됐다는 기분을 느낀 건 대리 때의 일이었습니다. 한 프로젝트에 PM^{Project Manager}으로 참여하게 됐고, 처음부터 끝까지 일정을 계획하고 완성 수준을 정의하며 단계별로 성과를 체크했습니다. 마치 회사로부터 주어진 일이 아니라 내 사업을 하는 기분이었습니다. 그 프로젝트에 있어서는 제가 리더였으니까요. 당연히 책임감과 부담감도 컸지만, 무

---

* 에이브러햄 H. 매슬로, 《인간욕구를 경영하라》, 황수민 옮김, 리더스북, 2011.

엇보다 중요한 건 가치 있는 경험이 내 안에 축적된다는 느낌이 들었다는 사실입니다. 돌아보면 그때처럼 신나게 일했던 적은 없었던 것 같습니다. 큰 단위의 일이건 작은 단위의 일이건 그 규모와는 상관없이 내가 내 계획과 통제하에 일할 수 있다는 사실이 큰 동기가 됐던 게 아닐까요?

그때 저는 단순히 업무를 위임받은 게 아니라 일을 장악하고 있다고 느꼈습니다. 이런 느낌은 일에 대한 흥미를 솟구치게 했고, 심지어 소명 의식과 커리어에 대한 기대감을 갖게 했죠. 회사 일에 열정이나 욕심이 그리 많은 편은 아니었던 저는 이 프로젝트를 기점으로 일을 대하는 태도가 180도 달라졌습니다.

이렇듯 임파워먼트는 조직의 성과와 팀원들의 업무 열의에 지대한 영향을 미칩니다. 그렇다면 임파워먼트를 잘할 수 있는 방법은 무엇일까요? 이어서 임파워먼트하기 전과 하는 중, 그리고 임파워먼트를 마친 후에 한 팀의 리더로서 유의해야 할 사항들을 정리해보려 합니다. 이 내용을 바탕으로 나만의 효과적이고 지속적인 임파워먼트 원칙을 만들어보면 어떨까요?

임파워먼트 전

첫째, 팀원의 역량과 상태를 파악해야 합니다. 성공적인 임파워먼트가 되려면 팀원의 역량 수준 파악이 먼저죠. 단, 모든 상황과 업무를 임파워먼트해야 하는 건 아닙니다. 팀원의 직급에 따라 다르겠지만 기능 리더가 될 수 있을지, 일 욕심이 있는지, 학습 욕구가 있는지, 커리어를 어떻게 생각하는지 등을 전반적으로 알아야 합니다.

그러기 위해서는 테스트도 필요합니다. 작은 일이라도 부분적으로 맡기는 것이 아니라 시작부터 완결까지 전 과정을 경험해볼 수 있도록 해야 하죠. 이때 ① 계획 수준, ② 데드라인 준수 여부, ③ 팀장과의 소통(중간보고), ④ 완성도, ⑤ 보고 수준, ⑥ 도전 욕구 등 여섯 가지 항목을 체크해야 합니다. 임파워먼트는 도전 욕구가 있는 사람에게는 더할 나위 없는 좋은 기회지만, 그렇지 않은 사람들에겐 오히려 부담이 될 수 있으니까요. 테스트를 만족스럽게 통과하지 못하면 부족한 면이 무엇인지 파악하고 함께 채워나가면서 때를 기다려줘야 합니다.

둘째, 직접 임파워먼트의 정의를 내려보세요. 제가 생각하는 임파워먼트는 업무 위임이라기보다는 역할 분담에 가깝습니다. 블랙풋 인디언이 기능별 리더를 두는 것처럼 공동의 성과를 위해 각자의 능력 안에서 더 잘할 수 있는 일에 오너십을 갖는 것입니다. 비유하자면 팀장은 시나리오작가이자 제작자이고, 팀원은 연출가인 셈이죠. 시나리오작가는 전체 스토리를 만들고 작품의 흥행을 위한 장치를 설계하기도 합니다. 제작자는 성과의 기준을 정하고 결과를 분석합니다. 투자자를 어떻게 설득할 것인지도 고민하고요. 또 성과에 대한 평가와 보상을 어떻게 나눌 것인지 고민합니다. 이것은 팀장의 역할과도 유사합니다.

팀원은 현장에서 연출을 합니다. 그렇기 때문에 어떻게 연출할지는 오로지 현장 담당인 팀원의 몫입니다. 작가나 제작자가 디테일한 부분까지 간섭한다면 어떤 작품이 나올까요? 아마 배가 산으로 갈지도 모릅니다. 팀원은 팀장과 논의를 하고 합의된 방향과 목표를 달성하기 위해 기획과 실행을 합니다. 이것이 팀원의 역할입니다. 팀장과 팀원은 같은 작품을 만들고 있지만 성공을 위한 역할이 다릅니다. 팀원에게 일을 맡긴다고 여기지 말고 역할과 전문성에 따라 오너십을 분담한다는 사고에 기반해 커뮤니케이션하시길 권합니다.

임파워먼트 중

셋째, 3단계 소통법을 실천합니다. 제가 알던 팀장 중에 팀원의 일에 잘 관여하지 않는 분이 있었습니다. 업무를 '위임'했다는 것이 그 이유였는데요, 그것은 임파워먼트도 위임도 아닙니다. 그저 어정쩡한 방치일 뿐입니다. 이는 임파워먼트를 잘못 이해한 경우입니다. 임파워먼트는 팀원에게 업무 자유도를 주지만, 그렇다고 모든 것을 마음대로 해도 된다는 것을 의미하진 않습니다. 제대로 된 임파워먼트를 위해서는 다음의 3단계 소통을 기억합시다.

1단계는 처음 방향을 잡을 때부터 팀원과 함께하는 것입니다. 방향성에 대한 이해를 함께 나누는 거죠. 조직의 중요한 일에 팀원을 참여시키고 경로를 잡아나가는 모습은 팀 내 공정성과 업무 의욕을 고취시킵니다. 2단계는 중간보고입니다. 일이 방향에 맞게 잘 가고 있는지에 대한 팀장과 팀원의 이해가 같아야 하며 이견이 있으면 조율해야 합니다. 이처럼 중간 과정의 크로스체크를 거치면 의사결정이 명확해지고 팀원들의 일 만족도 역시 높아집니다. 마지막 3단계는 결과 보고와 피드백입니다. 앞서 중간보고를 거치며 충분한 커뮤니케이션이 이뤄졌기 때문에 최종보고는 팀장과 팀원 모두에게 큰 부담이 없습니다. 일이 부드럽게 결론 지어질 수 있죠. 이러한 3단계를 따르면 임파워먼트는 자연스럽게 진행될 겁니다. 사실 대부분의 직장인들은 이 3단계 소통법을 이미 잘 알고 있습니다. 하지만 알면서도 서로 실천하지 않은 탓에 갈등이 생기는 경우가 무수히 많습니다.

임파워먼트 후

넷째, 임파워먼트도 피드백이 필요합니다. 임파워먼트 후 지속적으로 좋은 성과를 내려면 반드시 결과에 대한 피드백이 뒤따라야 합니다. 팀장의 도움이 필요한 부분, 팀장의 개입이 필요한 부분, 의사결정의 자율성을 이어가야 할 부분 등 과정과 성과에 대한 분석이 있어야 하죠. 이에 따라 이후 임파워먼트의 레벨을 조율할 수도 있습니다.

누군가가 저에게 이렇게 물은 적이 있습니다. "조직을 펄떡거리는 생물처럼 활성화시키려면 무엇을 해야 할까요? 고급 식당에서 회식도 자주 하고, 부서 해외 워크숍을 다녀온 적도 있고, 연봉 인상률도 높은 편인 데다 사내 행사도 많이 열었습니다. 그때마다 직원들은 매우 활기차 보였고요. 그런데 사무실에만 오면 모두 꿀 먹은 벙어리들이 되고 맙니다. 저는 정말 최선을 다하는데 왜 팀 분위기가 이렇게 무거울까요? 사무실이 꼭 독서실 같습니다." 그때 저는 딱 한 마디만 했습니다. "지금 말씀하신 것들이 정말로 중요할까요?"

맛있는 음식, 재미있는 행사, 충분한 보상 모두 좋지만 회사는 결국 일하는 곳입니다. 일하기 위해 오는 곳이죠. 지금 내가 하는 일이 내 일 같지 않다고 느끼면, 일이 답답하고 원활하게 진행되지 않는다고 생각되면 그 외의 다른 노력은 다 소용없어집니다. 팀원들의 경험이 의미 있는 경력으로 쌓이지 못한다면 팀 빌딩은 절대 성공할 수 없습니다. 그러니 우리 팀이 활력을 잃어간다면 팀원들에게 일이 제대로 임파워먼트되고 있는지, 각자의 경험이 차곡차곡 쌓여서 잘 숙성되고 있는지, 혹시 업무에 문제가 있진 않은지 점검하는 게 우선입니다.

현재 여러분의 팀원들은 어떤 옷을 입고 있을까요? 빌려 입은 남의 옷일까요, 아니면 몸에 꼭 맞는 내 옷일까요? 새로움과 즐거움을 주는 다양한 활동으로 조직을 리프레시하는 것도 중요하지만, 신뢰감을 통해 직원들이 자기 일에 동기 부여를 하고 주인의식을 갖도록 하는 것이 더 중요합니다.

최적의 의사결정을 위한
질문 활용법

최고의 성과는 최적의 의사결정이 뒷받침돼야 가능합니다. 당연한 말이지만 이를 당연하게 생각할 수만은 없는 이유는 결코 쉽지 않은 일이기 때문입니다. 경험이 많은 팀장도, 항상 좋은 선택을 했던 경영진도 잘못된 의사결정을 할 가능성이 언제나 존재합니다. 세상은 갈수록 더 복잡해지고 비즈니스 경쟁은 점점 더 심화되고 있는 현대사회에서는 순간의 판단 실수가 엄청난 손실을 가져오기도 하죠.

꼭 대기업에서 이뤄지는 거창한 사업적 판단이 아니라도, 우리는 일상 속에서 수시로 의사결정 상황에 놓입니다. 크든 작든, 집단이든 개인이든 무엇인가를 계속 선택하고 결정합니다. 특히 회사에서 팀장이 되면 갑자기 많은 것들을 결정해야 하는 상황에 놓이죠. 초보 팀장 시절 제가 가장 두려워했던 것은 결재란에 서명을 하는 일이었습니다. 서명이 곧 '책임'을 뜻한다는 것, 그 이유 하나로 큰 스트레스 요인이 됐던 거죠.

이뿐만이 아닙니다. 업무 중 팀장으로서 순간적인 판단을 내려야 할 때 저는 종종 당황했습니다. 그럴 때마다 속으로 '나도 너희와 다를 것 없어! 나도 잘 모르겠다고!' 하고 외치곤 했죠. 겉보기에는 단호하고 흔들림 없이 결정하는 것 같았겠지만 사실은 저의 판단 실수로 큰일을 그르치거나 팀원들에게 피해를 주지 않을까 무척 두려웠습니다. 당시 저와 같은 초보 팀장이 그리는 의사결정자의 모습은 어때야 했을까요? 저는 팀장을 해결사라고 여겼던 것 같습니다. 그 생각이 스스로를 더 버겁게 만들었던 게 아닐까 싶습니다.

그렇다면 의사결정을 잘할 수 있는 특별한 방법이 있을까요? 팀장도 사람이기에 항상 적절한 판단을 할 수는 없습니다. 그래도 우리는 팀원과 경영진 모두를 만족시킬 방법을 찾아내야 합니다. 각기 다른 환경과 상황 속에서도 공통적으로 적용해 좋은 의사결정을 도출할 수 있는 방법을요. 다행히 저는 인사팀장으로 재직하던 중 뜻하지 않은 상황에서 나름의 방법 하나를 터득했습니다. 대단치는 않습니다만, 분명 의미가 있어 그 일화를 잠시 소개합니다.

당시 경영지원본부장과 마케팅본부장은 사이가 그리 좋지 않았습니다. 표면적으로는 리더십 스타일 차이로 인한 갈등이었지만 숨겨진 이유가 있었을 겁니다. 그러다 회사가 경영에 어려움을 겪으며 조직 개편이 잦아졌는데, 경영지원본부 소속인 웹개발팀과 마케팅본부 소속인 서비스기획팀을 한쪽 본부로 편입시키려는 과정에서 문제가 발생했습니다(솔직히 두 팀은 업무 흐름상 한 본부에 있는 게 맞긴 합니다). 당연히 갑론을박이 벌어졌죠. 두 본부장은 끝까지 양보하지 않았고, 결국 최종 의사결정을 위해 대표이사에게 찾아갔습니다. 하지만 대표이사는 어느 한 사람의 손을 들어줄 수 없었습니다. 두 사람 모두에게 각자의 명분이 있었기 때문입니다. 이렇다 할 답을 찾지 못한 채 고민을 거듭하던 대표이사가 인사팀장인 저를 호출했습니다.

이제 와서 하는 말이지만, 저는 그 자리에 정말 가고 싶지 않았습니다. 경영지원본부장은 저의 직속 상사이니 마케팅본부장이 공정성을 문제 삼는다면 곤란해질 수 있었거든요. 그런 불편함을 뒤로하고 대표실에 들어서자 대표이사가 이 문제를 어떻게 결정해야 할지 물었습니다. 저는 어떻게 답해야 했을까요? 어떤 의견을 꺼내야 현명했을까요? 이렇게 해도 저렇게 해도 두 임원에게, 어쩌면 대표이사에게까지 질책받을 수 있는 상황이었습니다. 그 순간 이런 생각이 들었습니다. '무엇인가를 결정하기 어려울 때는 누구도 인정할 수밖에 없는 영역, 즉 본질에 집중해보자. 거기서부터 문제를 풀어보면 되지 않을까?' 그래서 저는 대표이사에게 답변 대신 질문을 했습니다.

"대표님, 두 팀을 한 본부로 통합하고자 하는 의도는 알겠습니다만 혹시 그렇게 안 하면 안 되는 이유가 있을까요?"

"음, 두 팀이 같은 본부 산하로 가야 커뮤니케이션이 더 활발해지지 않을까요? 그래야 더 좋은 결과가 나지요."

"그럼 이 개편의 가장 중요한 목적은 활발한 커뮤니케이션을 통한 성과라는 것이네요."

"그렇게 되겠군요."

"정리하자면 활발한 커뮤니케이션을 통한 성과가 본질이고, 조직 통합은 수단입니다. 커뮤니케이션 활성화와 성과 증진의 방법이 조직 통합밖에 없을까요? 다른 방법은 없을까요?"

"그렇네요. 그렇게 분리해서 생각하니 통합 문제는 많은 수단 중 하나였다는 생각이 듭니다."

"그렇습니다. 이 문제의 초점은 두 팀을 한 본부에 두는 것이 아니라 본질 그 자체, 커뮤니케이션이 잘되게 하여 성과를 높이는 데 맞춰져야 하는 게 아닐까요? 실제 두 본부의 명분과 주장은 성과를 극대화하기 위한 것이었고요. 저는 이 논의가 처음부터 목적이 아닌 수단. 즉 부서 통합에 집중되어 있었다고 생각합니다. 그래서 'Yes'와 'No' 외의 다른 답은 낼 수가 없었던 것 같습니다. (이때 대표이사의 얼굴이 환해졌습니다.) 성과를 높이는 데 필요한 수단적 조치가 두 부서가 함께 있는 것, 소통이 잘되는 것이라면 굳이 조직을 개편하고 새로이 발령을 내지 않아도 물리적으로 같은 공간에 있게 하면 되는 것 아닐까요? 그것도 방법이라면 말이죠. 통합이 가장 좋은 커뮤니케이션 방법이라면 부서 간 어려운 문제가 생길 때마다 모두 통합해야 하는 걸까요?"

"맞네요. 부서의 이동과 통합이 중요한 목적이 되어선 안 되는 거였어요. 팀장님 의견대로 합시다. 그렇게 하고 이후 소통이 더 잘 이뤄지게 할 방법들을 다시 고안해봅시다."

이 대화로 경영지원본부장과 마케팅본부장은 누가 지고 이기는 게 아니라 누구도 지지 않게 됐습니다. 이기고 지는 경쟁의 프레임에서 지지 않는 협력의 프레임으로 문제가 정리됐고, 조직 개편 대신 '공간 개편'이 이뤄졌습니다. 웹개발팀과 서비스기획팀을 한 공간에 두기로 한 거죠. 대표이사 또한 곤란한 상황에서 벗어나 본질에 가까운 의사결정을 할 수 있었고요. 저는 어느 한쪽을 편들지 않고 회사에게 도움이 되는 쪽(본질)으로 의견을 냈습니다. 그래서 두 임원도 이를 인정하며 더 이상 본인만을 위한 주장을 하지 못했던 겁니다.

'본부가 달라도 두 본부장이 잘 협력하면 얼마든지 시너지를 낼 수 있다', '부서 통합은 이 문제의 본질이 아니다'라는 것이 제 의견의 핵심이었습니다. 이후에는 두 팀의 팀원들이 한 공간에서 편하게 업무를 공유할 수 있도록 물리적·제도적 소통 방식도 마련됐습니다. 이는 최고의 의사결정은 아닐지 몰라도 최적의 의사결정이었다고 생각합니다.

어쩌면 두 본부장이 본인들의 소통 문제를 조직 통합이라는 방식으로 너무 쉽게 해결하려 했던 건 아니었을까요? 진짜 문제는 팀의 소속을 결정하는 것이 아니었습니다. 두 임원 사이의 적대감과 대화 부족이었고, 둘의 불협화음으로 인해 조직에 균열이 생기는 것이었죠. 그리고 대표이사는 이 문제를 더 고민했어야 합니다. 저는 이 사례를 통해 본질을 향한 질문은 생각의 프레임 자체를 바꿔버린다는 것을 배웠습니다. 그리고 본질에 가까이 가기 위한 질문들은 최적의 의사결정을 할 수 있도록 돕는다는 사실도요.

결정하기 어려운 이슈, 특히 가치판단이 주가 되는 상황에서 의사결정을 할 때는 상위의 목적이 드러날 수 있도록 계속해서 질문을 던지고 답을 찾아야 합니다. 가장 높은 곳에서 내려다볼 수 있어야 편향된 시각에서 벗어나 문제를 쉽게 해결할 수 있습니다. 위로, 위로 거듭해서 올라가다 보면 우리도 잊고 있었던 중요한 이유(원인)를 찾을 수 있을 거예요. 이유를 찾은 다음에는 거기서부터 풀어나가면 됩니다. 이 방법은 개인적으로 인생의 진로를 찾아가는 셀프 의사결정에도 동일하게 적용할 수 있습니다. 의사결정이 어려워지는 이유는 하위의 수단만 바라보고 있기 때문입니다. 모든 것의 근원에서 다시 프레임을 짜면 생각보다 훨씬 많은 방법들이 존재한다는 것을 알게 될 겁니다.

자, 그럼 지금까지의 이야기를 통해 소개한 최적의 의사결정을 위한 팁을 다시 정리해봅시다. 제 개인적인 경험에서 출발했지만, 다음 내용을 숙지하고 꾸준히 실천하면 반드시 의사결정이 한결 수월해지는 때가 찾아올 거라 믿습니다.

첫째, 마음을 가볍게 합니다. 팀장이라고 뭐든 다 잘하는 사람은 아니니까요. 아무리 경험이 풍부하고 현명해도 훌륭한 결정만 내릴 수는 없다는 사실을 스스로 알고 인정해야 합니다. 초보 팀장 시절 제가 그리도 힘들었던 것은 완벽을 추구하는 데에서 온 압박감 때문이었습니다. 자기 자신을 압박하기 시작하면 집중력이 흐트러지기 마련입니다. 의사결정에 좋을 리가 없죠.

둘째, 솔직해져야 합니다. 의사결정이 힘들 때는 확신이 들지 않는다고 말하는 솔직함도 필요합니다. 그리고 팀원들과 함께 집단지성의 힘을 발휘하는 거죠. 오롯이 혼자 답을 찾지 못했다고 해서, 다른 사람과 함께 해결책을 모색한다고 해서 능력이

▶ 최적의 의사결정을 위한 마운틴 뷰^{Mountain View} 질문법

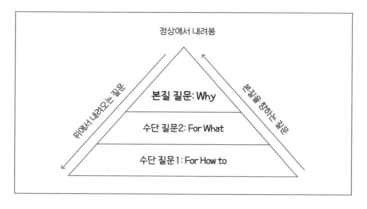

없는 것은 아닙니다. 팀은 내가 원맨쇼를 하라고 회사에서 만들어준 무대가 아니잖아요. 팀은 여럿이 힘을 합쳐 서로에게 도움이 되라고 있는 조직입니다.

셋째, 상위의 본질에 이르기 위한 질문이 필요합니다. 사실을 판단하기 위한 질문도 필요하지만 가장 중요한 것은 본질적 목적을 찾는 일입니다. 정상을 향해 등산할 때를 떠올려보세요. 산 꼭대기에서 아래를 보면 산 아래에서, 그리고 산을 오르는 동안 보지 못했던 많은 것들이 눈에 들어옵니다. 업무도 마찬가지입니다. 위에서 아래를 내려다본다면 중요한 것과 그렇지 않은 것들이 구분될 겁니다. 그렇게 본질로 가는 질문을 거듭하면서 차근차근 의사결정에 도달하면 됩니다.

최고의 의사결정은 내가 현 상황에서 내릴 수 있는 '최적의 의사결정'입니다. 가장 잘 맞아떨어지는 것이 가장 좋은 성과를 만들어냅니다.

성과 어필은
우회 전략으로

팀장으로서 성과를 어필하는 것은 중요합니다. 좋은 성과를 가지고 있음에도 경영진에게 어필하지 못해 본인과 팀원들이 정당한 평가를 받지 못하는 경우도 있으니까요. 물론, 알맹이 없는 보여주기식 홍보를 하라는 것은 아닙니다. 최선을 다한 노력의 결과를 좀 더 돋보이게 드러낼 필요가 있다는 거죠. 팀장에게는 나와 팀원의 성과를 효과적으로 어필할 수 있는 현실감각도 필요합니다.

하지만 모든 팀장이 성과를 드러내는 데 능하지는 않을 겁니다. 내향적 성격이라면 적극적인 홍보에 조금 서투를 수도 있죠. 경영진과 친해지길 바라지만 선뜻 다가가지 못할 수도 있습니다. 그럴 때는 다른 팀장에 비해 내가 뒤처지는 것은 아닌지 불안하기도 하고 괜히 팀원들에게 미안한 마음도 듭니다.

이때 기억해야 할 것은 성과 어필을 지나치게 열심히 할 필요는 없다는 사실입니다. 무언가를 그럴듯하게 포장할 필요도 없습니다. 어필하는 방법은 직진만 있는 게 아니니까요. 요즘은 기업 홍보나 제품 마케팅도 직접적으로 하지 않습니다. 대신 사람들의 기억 속에 자연스럽게 좋은 이미지를 심어주기 위해 노력하죠. 최근 국내의 한 자동차 광고를 보면 이런 추세가 여실히 드러납니다. 여유롭고 풍요로운 모습, 멋진 장소에서 홀로 여행을 즐기는 모습, 사회적 책임을 다하는 모습 등을 통해 이 자동차를 사면 성공한 삶으로 비춰지는 것을 넘어 품격 있는 사람이 될 수 있다며 소비자의 욕구를 건드립니다. 주위에서 이 차를 타는 사람을 볼 때 '나도 저 멋진 차를 사고 싶다'가 아니라 '나도 저런 멋진 사람이 되고 싶다'라는 생각이 들게 만드는 겁니다.

이런 것이 바로 우회 전략입니다. 이런 광고 마케팅의 콘셉트를 자신과 팀의 성과를 어필하는 데에도 접목시킬 수 있습니다. 굳이 직접적으로 강조하지 않아도 ○○팀, ○○○ 팀장 하면 사람들의 머릿속에 저절로 어떤 것이 떠오르게 하는 것입니다. 이를 '팀 브랜딩'이라고 합니다. 그러기 위해서는 일정 기간 동안 우리 팀에 대한 좋은 평판이 충분히 쌓일 필요도 있습니다. 일단 사람들 입에 긍정적인 이미지로 오르내리기 시작하면 반드시 임원이나 대표이사에게 이야기가 들어가기 마련이니까요. 그렇게 되기만 한다면 이보다 강력한 어필 방법은 없습니다.

팀 브랜딩이 우회적 성과 어필 전략으로 유용한 이유는 다른 사람들로 하여금 나와 내 팀을 홍보하게 만들어주기 때문입니다. 내가 성과를 강조하기 위해 안절부절못하는 사람처럼 비춰질 일도 없고요. 눈에 뻔히 보이는 어필은 오히려 순수성이 떨어집니다. 진정한 프로는 스스로 나서지 않고도 남이 나를 드러내게 하거나 내 성과가 돋보일 수밖에 없는 상황을 만듭니다. 마치 오른손이 하는 선행을 왼손이 모르게 하다가, 왼손이 알게 됐을 때 그 진정성이 극대화되는 것과 같죠.

좀 더 현실적인 이야기를 해볼까요? 대표이사는 조직에 자신만의 정보통(?)을 둡니다. 보통 정체가 잘 드러나지 않는 그 사람은 사원이나 대리일 수도 있고 과장일 수도 있습니다. 아무튼 대표이사는 직원들의 공식적인 모습이 아닌, 그 이면에서 오가는 생각과 조직이 돌아가는 흐름을 알고 싶어합니다. 그래서 믿을 만한 사람들을 정보통으로 두고 누가 잘하는지, 누가 못하는지, 문제를 일으키는 사람은 없는지 등 본인이 생각하는 중요한 정보들을 얻는 거죠. 이것을 무조건 나쁘게만 볼 수는 없습니다. 어느 조직에나 자신의 성과를 과대 포장하려는 사람들이 꼭 있고, 또 생각보다 많기 때문입니다. 그렇다 보니 대표이사가 비공식 라인을 동원해 조직의 진짜 상황을 체크하고 진실을 볼 수밖에 없는 걸지도 모르겠네요.

결국 사내에 나에 대한 좋은 평판이 형성되어 있다면 대표의 정보통 또는 다른 사람들(상사든 동료든 후배든)을 통해 내 이야기가 전해진다는 이야기입니다. 단, 이러한 우회 전략을 사용할 때는 늘 정직해야 하고 매사에 진심을 다해야 합니다. 그래야 뜬소문이 아니라 진짜 평판이 됩니다. 사람들이 광고만 보고 자동차를 구매하던가요? 아닙니다. 사랑받는 브랜드는 제품도 실제로 훌륭합니다. 우회 전략으로 성과를 어필할 때도 마찬가지입니다.

다음은 우회 전략을 구사할 때 알아두어야 할 포인트들입니다. 저 역시 꾸준히 사용해온 방법이고 좋은 효과를 얻었습니다. 참고하여 성과를 어필하는 데 도움이 되길 바랍니다.

첫째, 스스로 생각해도 진실된 성과여야 합니다. 가장 중요한 부분이죠. 자연스럽게 돌려서 어필하라는 말은 아닌 것을 그런 것처럼 꾸미라는 뜻이 아닙니다. 그건 거짓말이니까요. 우회 전략의 목적은 의미 있는 성과, 정직한 성과를 좀 느리더라도 가장 강력하게 전달하는 것입니다.

둘째, 협업하거나 도움을 주고받아야 하는 부서가 있다면 그들이 얻게 되는 이익도 반드시 고려합니다. 그들 중에도 대표이사와 자주 이야기 나누는 사람이 있을 수 있습니다. 다른 부서에도 좋은 성과가 돌아갈 수 있게 한다면 나와 우리 팀에 대한 긍정적인 감정과 여론이 형성되기가 더욱 수월하겠죠. 다시 말해, 당장 나의 이익이 줄어들거나 없어지더라도 성과를 독식하기보다는 공생을 택하라는 말입니다. 언젠가 그들이 나를 도와줄 날이 있을 것입니다.

셋째, 장기간 근속했거나 대표이사가 가까이하는 사람들을 눈여겨보세요. 그들에게 잘 보이려고 오버할 필요도 없지만, 굳이 나쁜 이미지를 남길 필요도 없습니다. 우호적으로 대하고 되도록 그들을 진심으로 돕기 바랍니다. 가능하면 나의 우군으로 만드는 게 좋겠죠.

넷째, 사소한 일도 디테일에 신경 쓰세요. 저는 항상 팀원들에게 '작은 것을 무시하지 않는 디테일'을 강조합니다. 사소한 일의 디테일에까지 정성을 다하는 사람은 큰일에도 반드시 최선을 다하기 때문입니다. 일례로 직원 교육 프로그램을 진행하면서 휴대용 칫솔 치약 세트를 제공한 적이 있었습니다. 직원들이 좀 더 편안한 환경에서 학습에만 집중할 수 있도록 작은 배려를 한 것이었죠. 어떻게 보면 별것 아니지만, 직원들은 진심으로 고마워하고 감동했습니다. 게다가 이 일은 회사 전체에 알려지면서 임직원들이 우리 팀에 우호적인 감정을 갖게 하는 데에도 한몫했습니다.

다섯째, 팀원들을 관리하는 것도 잊지 맙시다. 다른 사람들과 충돌이 잦은 팀원이 있다면 반드시 제재하고 주의를 줘야 합니다. 《한비자》의 〈외저설우外儲說右〉 편을 보면 개가 사나우면 술이 시어진다는 '구맹주산狗猛酒酸'에 관한 일화가 나옵니다. 중국 송나라에 한 술장수가 있었는데, 술을 만드는 재주가 뛰어나고 손님에게도 공손했습니다. 하지만 다른 집보다 술이 잘 팔리지 않았죠. 이상하게 생각한 주인장이 학식이 높은 친구에게 그 이유를 묻자 친구는 대뜸 이렇게 반문했습니다. "자네 집에 사나운 개가 있는가?" 과연 그랬습니다. 사람들은 개가 덤빌까 봐 무서워 술을 사러 갈 수 없었고 결국 팔리지 못한 술은 시간이 지나면서 시큼해지고 만 것입니다. 한비자는 이를 두고 "어진 신하가 아무리 옳은 정책을 군주께 아뢰어도 사나운 간신배가 버티고 있으면 쓸모없어진다"라고 말했습니다.

이 일화는 조직 운영에도 적용할 수 있습니다. 아무리 팀장이 다른 부서와 협력하며 좋은 관계를 쌓아도 팀원이 매사 다른 직원들에게 불친절하고 트러블을 빚는다면 우리 팀의 이미지는 나빠질 수밖에 없겠죠. 늘 잘 지낸다면 좋겠지만, 간혹 다툴 일이 생긴다고 해도 그것은 팀원이 아닌 팀장이 판단할 일입니다.

여섯째, 공식적인 성과 브리핑은 담백해야 합니다. 성과가 좋을수록 많은 것들을 브리핑 내용에 담고 싶은 게 사람의 마음입니다. 이것도 잘했고 저것도 잘했고 모두 다 잘했다고 말하고 싶은 거죠. 하지만 성과 어필에도 우선순위와 중요도가 있습니다. 여기에 맞춰 강조할 것은 강조하고 나머지는 버릴 수 있어야 합니다. 플러스알파가 될 것이 아니라면 과감히 버려야 합니다. 그렇지 않으면 과유불급이 될 뿐입니다. 여기에 능숙하지 않은 사람들이 의외로 많습니다. 너무 많은 것을 꺼내놓으려다 보면 필요 없는 것들까지 굳이 언급하게 되고 이윽고 실언을 하게 됩니다. 애써 열심히 한 결과를 현명하지 못한 처신으로 망치는 일은 없어야 하지 않을까요?

성과에 대한 어필에는 현실적인 전략이 필요합니다. 열심히 했다고 해서 다른 사람들이 나의 노력을 그냥 알아주지는 않습니다. 성과를 우회적으로 어필하는 것은 보는 사람에 따라 다르게 해석될 수도 있지만, 의외로 굉장히 효과적이라는 것만은 분명합니다. 내가 나를 칭찬하는 것보다 남이 나를 칭찬하게 만들면 그 효과가 배가 된다는 게 핵심이죠. '찐' 성과를 내는 사람이라는 좋은 평판과 함께 가볍지 않고 진중한 사람이라는 이미지가 덤으로 따라오게 되겠죠. 일석이조라는 말은 이럴 때 쓰는 게 아닐까 싶습니다.

팀원은 팀장의 뒷모습을 보며 성장한다

몇 년 전의 일입니다. 팀장을 맡고 있던 한 지인이 팀 문제로 상담을 요청해왔습니다. 특이하게도 그는 '문제가 너무 없어서 문제'라고 했습니다. 회사가 너무 안정적이라 크게 부침이 없었고, 그렇다 보니 팀원들도 무난하게 하루하루를 보낸다는 겁니다. 무난한 게 나쁜 것도 아닌데 왜 문제라는 걸까요? 언뜻 이상할 수도 있지만 저는 지인이 무슨 의미로 한 말인지 바로 이해할 수 있었습니다. 너무 편한 나머지 발전 없이 정체된다는 느낌을 말한 것이었죠. 계속 이런 상태로 있으면 경쟁력을 잃어버릴 것만 같다는 위기감과 함께 말입니다. 지인은 이를 극복하기 위해 우선 팀의 분위기를 성장(학습) 모드로 전환시키고자 했습니다.

그래서 그는 다양한 자극을 주기 위해 팀원들을 각종 세미나와 외부 위탁 교육에 참석시켰습니다. 사내 교육 프로그램도 빠짐없이 참여하게 했고요. 결과적으로 이런 노력들이 전혀 도움이 되지 않았다고 할 수는 없지만, 어쩐지 허전했다고 합니다. 다들 시키는 대로는 잘하는데 자발적 욕구, 그러니까 성장에 대한 열의가 보이지 않았던 거죠. 어쩐지 끌려가고 있는 것 같았습니다. 지인은 팀원들의 수동적 모습에 실망했고, 팀을 앞으로 어떻게 이끌고 가야 할지 고민이 된다고 했습니다.

이 이야기를 들으면서 참 안타까웠습니다. 당장은 팀장과 팀원 모두 큰 걱정 없이 편하게 회사를 다니겠지만, 만약 이직해야 할 상황이 온다면 과연 정체된 분위기에 익숙해진 사람들이 새로운 곳에서 제대로 역량을 발휘할 수 있을까요? 아마도 이직을 한 뒤 1~2개월만 지나면 본인들이 더 절실히 알게 될 것입니다. 그동안 내가 얼마나 성장에 안일했는지 말이죠.

다시 지인과의 상담으로 돌아가, 저는 그분께 본질을 되짚는 질문을 건네기로 했습니다. "팀장님은 요즘 어떠세요?", "팀장님은 현재 성장을 하고 계신가요?", "어떤 성장을 원하시나요?", "앞으로 어떻게 커리어를 만들어가고 싶으신가요?" 등등 팀원이나 팀보다 팀장 본인에게 더 집중해서 질문을 한 것이죠.

수동적인 팀원들이 아니라 팀장의 지금 모습이 문제라고 판단했기 때문입니다. 한 가족의 모습을 상상해봅시다. 아이들은 자신의 부모를 보며 성장합니다. 세상의 지식은 학교에서, 혹은 책이나 TV와 같은 다양한 매체를 통해서 배울 수 있지만, 삶에 대한 태도와 가치관을 배우는 원천은 가장 많은 시간을 공유한 부모님이죠.

팀원들이 팀장의 자녀는 아니지만 생각해보면 그 이치는 비슷합니다. 팀원들도 그들의 팀장에게 큰 영향을 받으니까요. 여러분도 그랬던 기억이 있지 않나요? 누구나 멘토가 있었을 것이고, 언젠가 어느 팀장에게서 무엇인가를 배웠을 것입니다. 그렇게 우리는 누군가에게 영향을 받아 성장해왔습니다. 저 역시 제 성장의 동력 중 8할 이상은 어떤 특별한 직무교육이 아닌 직속 팀장(상사)이었다고 확신합니다. 팀장에게 좋은 영향을 받으면 누가 시키지 않아도 스스로 자기계발을 하게 됩니다.

그래서 특히 정체된 조직의 경우 팀원 성장에 있어 '무엇을 어떻게 배우게 할까?'보다 '무엇을 느끼게 할까?', '무엇을 깨닫게 할까?'가 더 중요합니다. 팀원을 성장시키는 가장 효과적인 방법은 다음과 같습니다.

- 내가 먼저 역량 있는 팀장이 되는 것
- 내가 먼저 모범이 되는 것

- 내가 먼저 열의를 가지고 성장하는 사람이 되는 것
- 내가 먼저 성취하는 것

미래를 위해 시도하고 도전하는 지금의 모습이라면 뭐든 좋습니다. 그런 의미에서 제 지인인 그 팀장은 본인의 성장을 위한 준비가 부족한 리더였습니다. 팀 분위기를 쇄신하고 팀원을 성장시키려는 의지까지는 좋았지만 스스로 성장하는 사람이 되지 못했기 때문에 팀원들에게 줄 수 있는 영향력이 없었던 것이죠.

팀원들은 팀장에게 무엇을 기대할까요? 팀장이 완벽한 사람이 아니라는 것쯤은 팀원들도 잘 압니다. 다만 완벽하지 않은 사람이더라도 발전하려고 노력하는 팀장을 보고 싶은 것입니다. 팀원들은 팀장의 뒷모습을 보며 그 열정에 합류하게 되니까요. 그렇기에 팀원들의 성장은 그들로부터가 아니라 팀장인 나로부터 시작됩니다. 팀원을 성장시키기 위해 팀장이 취해야 할 방법들은 여러 가지가 있습니다. 그중 가장 우선시해야 한다고 생각되는 몇 가지를 추려봅니다.

첫 번째, 지금 일하는 분야에서 명확한 성과를 냅니다. 팀원은 팀장 개인의 성과(역량)를 주의해서 봅니다. 그리고 팀장이 전문성이 있는 사람인지 아닌지를 판단하죠. 해당 분야에서 자신을 이끌 수 없는 팀장이라면 딱히 도움 받을 일이 없다고 생각할 것입니다. 이런 경우 진심으로 팀장을 따를 수 있을까요? 전문성이 크지 않은 대신 덕장德將으로서 조직을 이끄는 리더도 있지만, 그것은 더 높은 직위(임원 이상) 또는 대표이사의 경우에 가능한 리더십이고 실무 현장에서 조직원들을 이끄는 팀장이 그래서는 안 됩니다. 팀장은 경영진뿐 아니라 팀원들에게도 확실한 퍼포먼스를 보여줘야 합니다. 내가 먼저 도전하고 성취하는 모습을 보여주세요. 그러면 팀원들은 팀장을 인정하고 무조건 배우려 할 것입니다. 그때가 팀원들의 성장 동기에 시동이 걸리는 순간입니다.

두 번째, 내 필살기를 팀원에게 아낌없이 공유합니다. 간혹 자신의 경험이나 노하우를 팀원에게 모두 전수하는 것을 꺼리는 팀장들이 있는데요, 그럴 필요는 없습니다. 내 것을 비워내면 또 다른 것으로 채워지게 되니까요. 낮을수록 높아지고 비울수록 채워지기 마련입니다. 우리가 사는 세상의 지식과 기술, 트렌드는 계속해서 변하고 발전해가고 있습니다. 따라가기가 벅찰 지경이죠. 과거의 경험에 얽매여 있지 않는 것 자체가 발전의 시작점에 서 있는 것입니다. 그러므로 내 것을 다 주고 새로운 것을 찾아 채우기 바랍니다. 새롭게 시도하는 과정에서 분명 더 큰 성장을 이룰 수 있을 겁니다. 그리고 원본을 이기는 복사본은 없다는 것 역시 잊지 마세요. 내가 원본이 되면 됩니다. 원본이 되어 아낌없이 퍼주세요. 그러면 팀원들도 팀장의 진심과 노력을 알게 될 것입니다.

세 번째, 때로는 팀원에게 중요하고 매력적인 일을 맡깁니다. 그래야 팀원도 희망과 비전을 갖고 자발적으로 공부하게 됩니다. 또 자신에게 중요한 일을 준 팀장을 실망시키지 않으려고 더욱 노력하고 부족한 부분을 채워나갑니다. 직접 새로운 일을 해보고 어려움을 겪어보고 해결해가면서 도전 의식과 성장 동기를 발견할 거예요. 각자 맡은 일만으로도 바쁠 텐데 무리가 되지 않을까 걱정된다고요? 물론 처음 하는 일, 중요도 높은 일을 맡게 되면 그 전보다는 업무량이 늘어나기야 할 겁니다. 하지만 우리는 조금 더 멀리 봐야 합니다. 팀원을 일로써 성장시키지 못하면 매우 중요한 일, 중요한 일, 조금 중요한 일, 덜 중요한 일 등 '중요'라는 단어가 붙는 모든 일들이 팀장의 몫이 되기 쉽습니다. 그러면 팀장의 업무에 무리가 따르겠죠. 팀원은 발전하지 못하고 팀장은 과다한 업무에 시달리니 번아웃이 찾아올 것이 불을 보듯 뻔합니다. 팀 내 업무 배분 구조가 그런 식으로 돌아간다면 결국 팀 전체가 실패합니다. 함께 성장하는 것이 아니라 함께 퇴보하는 것이니까요.

네 번째, 팀원이 일을 잘했으면 반드시 칭찬합시다. 단, 칭찬에는 근거가 있어야 합니다. 무턱대고 건네는 칭찬은 오히려 팀원의 사기를 꺾습니다. 예전에 제가 임원에게 어떤 일을 지시받아 수행하고 보고 메일을 보낸 적이 있었습니다. '매우 잘했습니다. 태 팀장이 있어 저는 든든합니다'라는 내용의 회신이 돌아왔죠. 상사의 칭찬에 기분이 좋던 찰나, 무심코 회신 메일이 온 시간을 봤는데 제가 보고를 한 지 1분도 지나지 않아 회신이 왔음을 알게 됐습니다. 그럼, 제 상사는 단 몇십 초 사이에 검토를 끝내고 칭찬의 말까지 적어 메일을 주었다는 걸까요? 짐작하건대, 자료를 충분히 보지 않고 칭찬 메일부터 보낸 것이겠죠.

어쨌든 긍정적 피드백을 받았으니 감사했지만, 씁쓸한 기분이 드는 것은 어쩔 수 없었습니다. 정당하게 칭찬받지 못했다는 느낌이었기 때문입니다. 팀원을 성장시키려면 팀원이 수행한 일의 결과를 제대로 검토하고 칭찬할 포인트를 정확히 짚어서 이야기해줘야 합니다. 그래야 팀원들의 성취감에 불을 지필수 있습니다. 이것이 성장의 시작입니다. 작은 성취가 계속되면 큰 성취로 이어짐을 우린 잘 알고 있습니다.

이처럼 팀장이 먼저 도전하고 성취하는 모습을 보여주고 내 노하우를 아낌없이 퍼주며 중요하고 매력적인 일을 과감히 줄 수 있다면 팀원은 반드시 성장에 관심을 가질 것입니다. 그리고 그것을 잘해냈을 때 근거 있고 명확한 '포인트 칭찬'을 해보세요. 그때 팀원들은 반드시 달라질 겁니다.

마지막으로 잊지 말아야 할 것은 팀장 본인의 성장이 선행되어야 한다는 것입니다. 팀 성장의 주체를 팀원에게 찾지 마세요. 본인이 먼저 성장해야 함을 잊지 말기 바랍니다. 팀원은 그러한 팀장의 든든한 뒷모습을 보며 따라가는 것이니까요.

Lesson 10

평가가 성장의 도구가
될 수 있을까?

인사 제도를 구축하는 것이 제 전공이긴 하지만, 사실 평가(평가 보상) 제도만큼 경영진과 직원 모두에게 민감도가 높은 분야도 없다는 생각이 듭니다. 그래서 개인적으로 보람이 크지만 제일 아슬아슬한(?) 분야입니다. 그런데도 가장 애정이 깊었던 이유는 평가의 본질이 성장에 있다고 생각했기 때문입니다.

저는 평가 제도를 설계하면서 좋은 피드백을 받은 적도 있지만, 완전히 실패했다고 인정할 수밖에 없었던 적도 있습니다. 이렇게 저렇게 산전수전을 다 겪은 뒤 깨닫게 된 사실은 평가 제도는 누군가를 만족시키거나 불만족스럽게 만들기 위한 게 아니라는 것이었습니다. 관건은 평가의 결과를 피평가자가 이해할 수 있게 하는 것이고, 이를 통해 자신이 얼마나 성장했는지를 알게 하는 것입니다. 마치 한창 성장하고 있는 청소년이 키를 재보듯 이전과 달라진 내 키를 지속적으로 재고 싶게 만드는 데 평가 제도의 목적이 있다는 것이죠.

평가에 대해 말도 많고 탈도 많은 이유는 뭘까요? 그것은 평가가 보상과 연결되면서 만족/불만족의 프레임에 갇혀버렸기 때문입니다. 평가의 공정성이 갈수록 중요해지는 이유도 그 결과가 어떤 형식으로든 등급에 의한 차등 보상으로 이어지기 때문일 겁니다. 그렇다면 평가의 목적에 개인적 성장이 포함되어 있지 않은 걸까요? 글쎄요, 설령 있다 하더라도 실질적인 목적 자체가 보상에 있기 때문에 성장 측면을 기대하기는 어려울 것 같습니다. 우리는 오랜 시간 동안 그렇게 받아들이고 인정해 왔으니까요. 하지만 이제 이 오래된 인식을 바꿀 때가 됐습니다.

평가를 성장의 도구로 삼은 좋은 예가 있습니다. 바로 글로벌 IT기업 마이크로소프트입니다. 보상과 연결된 개인주의·이기주의와 팀킬(같은 팀을 곤란한 상황에 빠뜨리는 일) 현상 때문에 골치를 앓던 마이크로소프트는 평가 제도를 완전히 바꿔버렸습니다. 기존에 '스택 랭킹Stack Ranking'이라고 불렸던 직원 상대 평가(줄 세우기)에서 개인의 성장에 초점을 맞춘 질적 평가로 말이죠. 평가 결과(등급) 또한 단순 통보가 아닌 '커넥트^{Connect}'라고 하는 개인 성장 코칭 방식으로 변경했습니다. 마이크로소프트의 평가는 이제 직원들을 줄 세우고 등급을 매기며, 그에 따라 차등 보상을 하던 '랭킹 시스템$^{Ranking System}$'에서 개인 성과에 대한 절대 평가, 조직 간 협력, 그로 인한 개인과 조직의 성장이 중요한 '성장 시스템$^{Development System}$'으로 바뀌었습니다.

반면에 안 좋은 예도 있습니다. 얼마 전 대한민국 최대의 IT기업 중 한 곳의 동료 평가 항목이 세간에 알려진 적이 있습니다. 그중 "당신과 같이 일하지 못하겠습니다"라는 내용이 있어 사람들에게 충격을 안겨주었습니다. 평가라기보다 사람에게 상처를 주기 위한 것이 아닐까 싶을 정도였죠. 이는 정말 바람직하지 않습니다. 이에 대해 일부 전문가들은 평가 항목을 바꿔야 한다고 했지만 저는 평가를 하는 근본적인 이유, 즉 기업의 평가 철학부터 다시 고민해야 한다고 생각합니다.

어떤 평가 철학을 지니고 평가의 기준을 어디에 두느냐에 따라 조직의 문화 자체가 바뀝니다. 마이크로소프트가 평가를 만족/불만족의 프레임에서 성장의 프레임으로 변화시켰던 것처럼요. 그럼 어떻게 해야 평가를 성장의 프레임으로 바꿀 수 있을까요? 그것이 가능하기는 한 일일까요? 물론입니다. 이것은 설계 능력이 아니라 생각과 철학의 문제이기 때문입니다.

인사 제도 측면부터 이야기해봅시다. 우선 평가-보상(승진)으로 연결되는 흐름을 끊어야 합니다. 평가 자체를 성장의 관점에서만 다루면, 평가를 받는 사람도 하는 사람도 불편한 마음에서 더 자유로워지지 않을까요? 진정성 있는 대화도 가능해질 것입니다. 이처럼 팀원과 팀장이 부담 없이 생각을 나누고, 앞으로 성장해야 할 부분을 깊이 논의할 수 있다면 평가와 면담은 긴장의 시간이 아니라 상호 보완의 유익한 시간이 될 겁니다. 팀원은 팀장에게 사심 없는 가르침이나 경험을 전수받을 수 있고, 팀장은 팀원에게 도움을 주며 보람을 느끼고 스스로 성찰할 수 있기 때문에 서로 윈-윈 관계를 형성할 수 있습니다. 팀장에게 팀원의 등급을 정하라고 하는 것, 그리고 그 등급이 팀원의 연봉 수준을 결정하게 하는 것은 어쩌면 가장 간편하지만 폭력적인 리더십을 강요하는 것 아닐까 합니다. 결국 평가와 보상, 생사여탈권, 권력으로 사람을 움직이는 것이니까요.

저는 위에서 아래로 향하는 일방향적인 느낌을 주는 '평가'라는 말부터 역할에 중점을 둔 '듀얼 피드백Dual Achievment&Growth Feedback, D.A.G'으로 바꾸기를 제안하고 싶습니다. 팀원들도 팀장에게 원하거나 부탁하고 싶은 것을 이야기하는 것이죠. 다만, 평가와 분리된 보상(승진 포함) 체계를 구축하려면 별도의 기준이 마련되어야 합니다. 예를 들어 매년 회사의 성장 수준을 고려하여 전체 연봉 인상률을 동률로 정하고 추가적인 보상을 해줘야 할 사람을 별도로 선별하는 방법이나, 우수사원에 대한 비누적식 연봉 보완 혹은 포상을 제공하는 방법 등 다양한 관점에서 보상을 설계할 수 있죠.

물론 평가와 보상을 분리하자는 것은 함부로 이야기할 사항이 절대 아닙니다. 기업마다 상황과 환경이 다르기 때문입니다. 하지만 생각해볼 가치는 분명히 있는 일이죠. 그동안 불문율로 여겨져왔던 KPI^{Key Performance Indicator}(핵심성과지표), MBO^{Management by Objectives}(목표 관리), 상대평가, 정규분포, 등급, 비율 조정 등 평가와 관련된 보편적인 방식들이 변할 수 없는 불변의 영역은 아니라는 것입니다. 평가 제도는 기본적으로 인사팀에서 고민해야 할 문제이지만, 이처럼 중요한 이슈는 현업 팀장들도 잘 알고 있어야 하며 좀 더 많은 의견 교환이 이뤄져야 합니다. 각 팀의 팀장들이 함께 고민한다면 더 현실적이고 효과적인 평가 보상 제도가 나오지 않을까 기대해봅니다.

보상과 분리된 성장 중심의 듀얼 피드백 제도를 개발하려면 좀 더 디테일한 고민이 필요합니다만, 간략히 정리하자면 다음의 표와 같습니다. 팀장과 팀원이 각자 당해의 핵심 키워드를 정하고 그것을 중심으로 목표를 만들고 성취하기 위하여 다양한 대화를 나누는 것이 핵심이죠.

그동안 여러 책을 통해 읽고 공부한 내용은 "조직과 개인의 모든 KPI는 가급적이면 정량적으로 표현되어야 한다", "측

정되지 못하는 것은 평가할 수 없다"와 같은 것이었습니다. 하지만 오랜 시간에 걸쳐 성과 관리 제도를 직접 설계해보고 운영해본 결과 저는 사람은, 그리고 사람이 만드는 성과는 숫자를 중심으로 돌아가지 않는다는 것을 배웠습니다. 숫자는 사람이 의기투합하여 만들어낸 결과물일 뿐이죠. 숫자 자체가 목적이나 목표가 되어버리면 얼마든지 사람을 속일 수 있습니다. 반면에 비전, 동기, 신념, 신뢰와 같은 내적 영역에서는 사람을 속일 수 없습니다. 그러니 숫자를 너무 믿지 말아야 합니다.

한편, 유수의 글로벌 컨설팅기업이나 경영 그룹이 만든 새로운 평가 제도가 등장하면 각종 세미나나 교육, 책으로 먼저

▶ ○○○팀의 D.A.G 피드백 예시

구분	2022년 키워드	키워드의 정의/의미	핵심 행동	업무 목표	조인트 포인트	성취 결과
팀원1	Edge	• _____ • _____	• _____ • _____	• _____	1. 회사: 2. 개인:	팀원: 팀장 피드백:
팀원2	안정화	• _____ • _____	• _____ • _____	• _____	1. 회사: 2. 개인:	팀원: 팀장 피드백:
팀원3	도전	• _____ • _____	• _____ • _____	• _____	1. 회사: 2. 개인:	팀원: 팀장 피드백:
팀장	조직 성장	• _____ • _____	• _____ • _____	• _____	1. 회사: 2. 개인:	팀장: 팀원1 피드백: 팀원2 피드백: 팀원3 피드백:

• 실제 템플릿은 각 팀원 및 팀장별로 분리해서 작성

▶ D.A.G에서의 피드백 작성 원칙

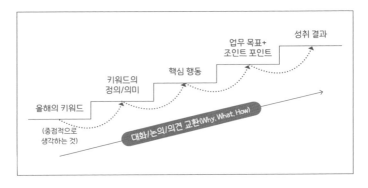

찾아보고 익히는 것이 선진 인사라고 생각하는 경우도 있습니다. 한때 BSC^{Balanced Score Card}(균형성과평가제도)나 KPI, 최근 OKR^{Objective and Key Results}이 유명해지고 많은 조직들이 너도나도 이를 도입했던 것도 그런 생각과 관련이 깊죠. 이 제도들이 잘못됐다는 것은 아닙니다. 각자의 조직 특성에 맞춰 알맞은 수단을 고안해낸 것일 테니까요. 하지만 이를 그대로 받아들이기에 앞서 우리 조직의 입장에서 무엇이 옳은지, 어떤 철학을 바탕으로 나아갈 것인지를 아는 것이 더 중요합니다. 인사 철학과 평가의 본질을 다시 찾는 데 집중하면 조직과 개인에게 긍정적 효과를 가져올 것입니다. 앞에서 예로 든 마이크로소프트와 국내 IT기업의 평가 제도가 서로 다른 결과를 가져온 것 역시 누가 더 평가 시스템을 구체적으로 잘 만들었는지가 아닌 누가 더 좋은 철학을 바탕으로 했는지의 차이에서 비롯됐을 겁니다.

혹시 마케팅 용어 중 '서브타이핑Subtyping'이라는 말을 들어본 적이 있나요? 배달의민족, CJ, 이마트 등 국내 유명 기업의 마케팅 자문으로 유명한 신병철 박사는 저서 《논백 경쟁 전략》에서 서브타이핑을 가리켜 '기존에 이미 포화된 주류 시장에서 승부하지 않고 다른 곳에 새로운 영역을 만들어, 내가 최초 시장진입자First Mover가 되는 것'이라 설명합니다.* 다시 말해 싸움에 승산이 없으면 내게 유리한 곳으로 싸움터를 바꾼다는 것이죠. 이를 평가 이슈에 대입해보면 어떨까요? 평가는 완벽한 제도를 만들지 못해서가 아니라 매번 같은 싸움터에서 같은 싸움을 반복하기 때문에 실패하는 것일지도 모릅니다. 이제 '보상에서 얻는 만족'이라는 동네에서 나와 '이해와 성장'이라는 동네에서 멋진 경쟁을 다시 시작해보는 것은 어떨까요?

───── * 신병철, 《논백 경쟁 전략》, 휴먼큐브, 2017.

홈런도 좋지만
꾸준한 안타가 더 중요하다

작은 일을 소중히 여겨라. 모든 일은 작은 일에서 시작된다. 씨앗
이 하늘을 찌르는 큰 나무가 된 것을 보라. 행복도 불행도 성공도
실패도 모두 그 처음은 조그만 일에서 시작된다.

– 랠프 월도 애머슨^{Ralph Waldo Emerson}

미국의 위대한 시인이자 사상가인 랠프 애머슨이 남긴 이
글을 읽을 때면 떠오르는 글이 하나 있는데요, 바로 〈20년 전
옥수역의 오승환〉이라는 제목의 칼럼입니다. 불혹의 나이에도
마운드에 올라 명승부를 펼치며 활약하고 있는 야구선수 오승

환이 신인 시절 겪었던 시련에 대해 이야기하면서, 하루하루 작은 성실을 축적하는 것이 얼마나 중요한지 다루었죠.[*]

오승환 선수는 2005년 혜성같이 나타나서 신인왕과 MVP를 동시에 거머쥐었고 삼성 라이온즈에 우승 반지를 5개나 안겨준 '괴물 투수'입니다. 그는 어떤 상황에서도 표정 하나 변하지 않는 침착함으로 '돌부처'라는 별명을 얻기도 했죠. 그가 마운드에 올라오면 상대편은 좌절의 의미로 "끝났다"라고 했고 팬들은 승리의 의미로 "끝났다"라고 외쳤다는 이야기도 있습니다. 개인적으로 삼성 라이온즈의 팬은 아니지만 오승환 선수는 실로 엄청난 투수였고 지금도 그렇다고 생각합니다. 그런데 그런 괴물 같은 사람에게도 끝나지 않을 것 같던 시련의 시간이 있었다고 합니다.

지금으로부터 20년 전인 2001년, 오승환 선수는 신인 드래프트에서 구단들의 선택을 받지 못하고 단국대 야구부에 진학했습니다. 당시에는 전례가 드물었던 팔꿈치 수술을 받고 재활에 전념하던 시기였다고 합니다. 그는 매일 아침 7시에 일어나 지하철을 타고 잠실에 있는 재활 클리닉에서 재활 훈련을 받았고, 다시 한남동 숙소로 돌아와 선배들의 유니폼 빨래를 비롯한 각종 수발을 들었습니다. 새벽 1시에 잠이 들고 다음 날 7시

—— [*] "20년 전 옥수역의 오승환", 《조선일보》, 2021.03.12.

면 어김없이 옥수역에서 지하철을 기다리는 것. 그는 이 생활을 2년 동안이나 반복했습니다. 제가 그의 상황이었다고 생각해보면 정말 막막했을 것 같습니다. 1982년생 동기들인 이대호, 김태균 선수는 이미 야구계의 슈퍼스타가 됐는데, 자신은 제자리에 머물러 있었으니까요. 하지만 그는 보란 듯이 역경을 극복했고, 이후 뛰어난 기량을 펼치며 실력을 인정받았습니다. 그는 어떻게 위기에서 빠져나올 수 있었을까요?

그 비결은 '내일을 전혀 생각하지 않는 것'이었다고 합니다. 오승환 선수는 이렇게 말했습니다. "저는 진짜 오늘만 생각하며 살았어요. 이 운동을 해서 뭐가 되겠다는 마음조차 없었습니다." 기자의 표현을 빌리자면 그는 '꿈을 꾸지 않아서 꿈을 이룬' 셈입니다. 오승환 선수는 지금 할 수 있는 일과 주어진 하루에 오롯이 집중했습니다. 오랜 재활 과정을 견뎌내면서 말이죠. 그렇게 어제보다 아주 조금 나은 오늘을 만들어갔습니다. 하지만 제가 이야기하고 싶은 오승환 선수 일화의 핵심은 힘든 과정을 포기하지 않고 끝까지 해낸 불굴의 의지가 아닙니다. 특별하진 않아도 성실한 삶의 태도가 나도 모르는 사이 축적되어 성공으로 이어졌다는 것이죠. 마치 언젠가 있을 홈런을 바라고 큰 스윙을 하기보다 지금의 안타를 위해 짧은 스윙을 계속해나가는 것처럼 말입니다.

저는 영화 〈머니볼〉을 보면서도 아주 작지만 지속적인 전진이야말로 큰 성공에 다가가는 방법임을 다시 한번 깨달았습니다. 〈머니볼〉은 미국 프로야구 메이저리그 팀 중 최하위였던 오클랜드 애슬레틱스ᴼᵃᵏˡᵃⁿᵈ ᴬᵗʰˡᵉᵗⁱᶜˢ가 예상을 뒤엎고 역대 최다 20연승을 이룬 실화를 그린 작품입니다. 별 볼 일 없는 선수들과 별 볼 일 없는 야구팀 단장이 함께 만들어내는 기적적인 승리 이야기 자체로도 감동이지만, 저는 단장 빌리 빈이 경제학을 전공한 참모를 영입하여 머니볼 이론(몸값이 비싼 선수를 영입하는 것이 아닌 무명의 선수들을 저렴한 가격으로 영입하여 저비용·고효율 구조로 성과를 만들어낸다는 야구 경제학 이론)을 만들고 이를 토대로 팀을 한 단계 한 단계 발전시키는 과정이 더 감동적이었습니다.

생각해보면 조직도 마찬가지입니다. 큰 성공은 갑자기 엄청난 노력을 기울인다고 오지 않으니까요. 성공은 평소에 작은 성취를 성실하게 이뤄가는 태도에서 옵니다. 이런 조직 분위기를 조성하려면 먼저 팀장은 팀원들의 작은 노력과 변화를 알아볼 수 있어야 합니다. 예를 들면 이런 것이 있지 않을까요?

- "김 대리, 메일 내용이 이전보다 더 간결하고 알아보기 쉬워졌네요."
- "박 대리, 보고서의 도표 배치가 이전보다 깔끔해진 것 같아요. 이해하기가 더 쉽네요."

- "한 과장, 어제 동료들을 배려한 행동이 참 좋았습니다."
- "요즘 최 과장의 보고가 귀에 쏙쏙 들어오네요. 스피치가 좋아진 것 같은데요."
- "○○○ 씨, 항상 배우려는 자세가 좋은 것 같아요. 요즘은 어떤 책을 읽고 있나요?"
- "늘 노력하는 △△△ 씨의 모습에 믿음이 갑니다."

모두 가볍고 캐주얼하되 실질적인 행동에 대한 칭찬입니다. 어쩌면 이전과 별반 다를 것 없는 작은 차이일 수도 있는 것을 팀장이 먼저 알아본 것이죠. 이런 말을 들은 팀원들은 일상에서의 작은 변화를 위해 꾸준히 노력할 것입니다. 머니볼 이론을 만들어낸 빌리 빈처럼 홈런이 아니어도 계속 1루에 진루進壘할 수 있다면, 어려운 역경을 이겨낸 오승환 선수처럼 오늘이라는 작은 하루를 성실하게 지켜낼 수 있다면 우리는 반드시 성장할 것입니다. 팀원들의 작은 노력과 변화를 알아봐주는 팀장의 노력에서부터 가능한 일이죠.

팀장의 소통

●

사람을 움직이게 하는 진정성 커뮤니케이션

인지심리학자 김경일 교수는 한 강연에서 '성격이 비슷해 잘 맞는 관계가 좋은지, 아니면 성격이 달라 상호 보완적인 관계가 좋은지'에 대해 이렇게 말했습니다. "성격이 잘 맞든 안 맞든 서로에게 진실하면 좋은 관계를 유지할 수 있습니다. 서로에게 진실하면, 잘 안 맞는 성격은 상호 보완으로 작용하고 잘 맞는 성격은 더할 나위 없이 긍정적이고 견고한 관계를 형성하죠. 반면에 진실하지 못하면 잘 안 맞는 성격은 서로 원수가 되고, 잘 맞는 성격이라도 결국 서로를 속이는 사이가 되고 맙니다."

소통에 대한 책과 강의는 시중에 넘쳐나지만 여전히 우리는 소통이 어렵습니다. 여기에는 분명 어떤 이유가 있겠죠. 소통의 본질은 정직과 진정성입니다. 이것이 마음 한가운데에 굳건히 자리를 지키고 있다면 소통으로 인한 문제들은 의외로 쉽게 풀릴지 모릅니다.

주간업무 회의, 한번 바꿔봅시다

한 척의 배를 만드는 과정을 생각해봅시다. 그 배를 만드는 목적은 무엇일까요? 드넓은 바다를 항해하기 위한 것일까요? 아니면 멀리 여행을 떠나기 위함일까요? 그것이 무엇이든 배를 만드는 것 자체가 목적이지는 않을 겁니다. 앞서 우리의 직장 생활을 배를 만드는 과정에 비유한 바 있는데요, 그렇다면 우리가 배를 만드는 이유는 뭘까요?

회사를 오래 다니다 보면 목적이 희미해지는 순간이 옵니다. 그럴 경우 배를 만드는 행위 자체가 목적이 되기도 합니다. 목적이 희미해지면 직장 생활은 '버티기' 단계에 진입합니다.

처음엔 그럭저럭 버텨내겠지만 시간이 흐르고 직급이 높아질수록 그에 맞는 에너지를 계속 만들어내야 하는데, 나를 움직이는 근본적인 동기가 부족하면 더 이상 힘을 내기가 어렵습니다. '직장력職場力'이 방전되어버리는 거죠.

그동안 저는 이런 일을 겪는 이들을 많이 봐왔습니다. 입사 후 1~2년만 지나도 처음 입사했을 때의 의욕은 온데간데없고 에너지는 점점 줄어들어가니까요. 그럼 직원들의 에너지를 떨어뜨리는 가장 큰 원인은 무엇일까요? 여러 요인이 있겠지만 그중 하나는 무의미하게 지속되는 업무 루틴입니다. 대표적인 것으로는 주간업무 회의가 있죠. 주간업무 회의는 그 목적이나 용도만 보면 꼭 필요합니다. 지난 일주일간의 업무 진행과 실적에 대해, 다음 일주일간의 계획과 이슈에 대해 팀장에게 보고하고 논의하는 이 회의의 존재 이유에 이의를 제기할 사람은 없을 겁니다. 하지만 안타깝게도 큰 의미 없이 매주 금요일이나 월요일이면 해야만 하는 업무 루틴쯤으로 여겨지는 경우도 적지 않은 것 같습니다.

구인·구직 플랫폼 사람인에서 직장인들을 대상으로 자신이 속한 조직의 회의 문화 만족도에 대해 설문조사를 진행한 적이 있습니다. 조사 결과 대상자 중 54%가 불만족한다고 답했고, 그 이유를 묻는 질문에는 진행 방식과 구성이 비효율적(39.2%)이라는 답변이 가장 많았습니다. 이 설문조사는 주간업

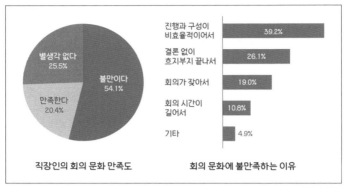

진행과 구성이
비효율적이어서   39.2%

결론 없이
흐지부지 끝나서   26.1%

회의가 잦아서   19.0%

회의 시간이
길어서   10.8%

기타   4.9%

별생각 없다
25.5%

불만이다
54.1%

만족한다
20.4%

직장인의 회의 문화 만족도   회의 문화에 불만족하는 이유

출처: 사람인

무 회의뿐 아니라 모든 회의를 포함한 전반적인 문화를 다룬 것이긴 합니다만, 큰 차이는 없으리라 봅니다. 진행 방식과 구성(단순 업무 나열과 보고, 일방적 지시, 업무 포장, 상급 회의에 보고할 것을 정리하는 시간, 팀장 훈화 등)은 주간업무 회의의 의미를 퇴색시키는 주요 요인이죠.

특별한 고찰 없이 진행되는 주간업무 회의는 오래전부터 쭉 해왔고 그래서 지금도 계속하긴 하지만, 조직 성과에는 딱히 도움되지 않는 루틴이 되어가고 있습니다. 일이라는 것이 주 단위로 정확히 시작되고 맺어지는 것이던가요? 특히 요즘처럼 비즈니스 환경이 복잡해지고 업무 영역이 잘게 쪼개져 협업이 중요해지는 상황에서 주 단위의 업무 보고는 오히려 성과 효율을 높이는 데 방해가 될 수 있습니다. 1~2주 안에 완결되지 않고 이어지는 일들이 많아 그것을 계속 보고해야 하는 팀원의 마음이 불편해지기 때문이죠. 여러 주에 걸쳐 같은 업무를 보고하다 보면 업무 처리 속도가 느리다는 오해를 사지 않을까 걱정되기 마련입니다.

팀장이 보기에도 주간업무 회의가 불필요한 루틴으로 여겨진다면 그 역할과 존재 이유를 근본적인 차원에서 고민해봐야 합니다. 회의는 팀장과 팀원이 소통하는 중요한 자리니까요. 그런 의미에서 저는 이 시간이 반드시 기존 형식에 얽매일 필요는 없다고 생각합니다. 일과 사람에 대해 막힘없이 소통할 수 있다면 얼마든지 자유롭게 그 시간을 채울 수 있지 않을까요?

과거 게임회사에 재직하던 시절 저는 주간업무 회의 시간을 꽤 기다리곤 했습니다. 그 회사에서는 주간업무 회의를 '발코니 모임'이라고 불렀습니다. 발코니에서 쉽고 편하게, 하지만 가치 있는 시간을 보내자는 뜻이었습니다. 저는 이 명칭 자체가 회의의 정체성과 지향점을 담고 있다고 생각합니다. 우리는 한 주에도 몇 차례씩 발코니에 모여 차를 마시며 담소를 나눴습니다. 각자의 일상, 재밌게 본 드라마나 영화 등 다양한 주제가 오갔죠. 그러다 어느 순간에는 일 이야기도 하고, 자연스럽게 그 자리에서 의사결정을 내리기도 했고요. 그러니까 우리의 주간업무 회의는 어떤 종류의 이야기든 상사, 동료들과 편하게 공유하고, 어렵고 해결되지 않는 일을 부담 없이 털어놓는 시간이었습니다. 정형화된 형식의 회의는 아니었지만 토론을 통해 좋은 결과를 얻은 적이 많았습니다.

이처럼 자유로운 발코니 모임을 할 수 있었던 이유는 당시 상사였던 경영지원실장의 철학 때문이었습니다. 다름 아닌 '어떤 일이 있어도 투명성을 유지하는 것'이었죠. 사람들은 보고하기 껄끄러운 일이 있으면 종종 보고 시점을 놓치곤 합니다. 간단히 해결할 수 있는 일임에도 말을 하지 않는 바람에 더 큰 대가를 치르는 겁니다. 경영지원실장은 직원들이 마음 편히 만날 수 있는 횟수를 늘려가며 어려운 이야기를 자연스럽게 나누도록 했습니다. 그 결과 누락되거나 늦게 알게 되는 일이 점점 줄어들었고요. 촘촘한 업무 그물망이 형성된 겁니다. 정해진 양식에 맞춰 주별 업무를 기록하고 보고하는 회의를 하지 않아도, 중요한 이슈들은 이미 발코니에서 서로 논의를 마쳤기 때문에 업무를 효율적으로 해나가는 데 큰 도움이 됐습니다.

발코니에서 상사와 편하게 이야기를 나누다 보니 내 생각을 적극적으로 표현하게 되고 회사의 성장, 비전에 대한 이야기나 일을 통해 성취할 수 있는 개인적 성장 등에 대해서도 공유할 수 있었습니다. 주간업무 회의를 이처럼 의미 있는 시간으로 만들어보는 것은 어떨까요? 매주 반복되기만 하던 주간업무 회의가 성장을 위한 만남의 장이 된다면 팀 성과를 높이는 유용한 도구가 될 것입니다. 다음의 가이드를 참고해 조금은 색다른 방식의 주간업무 회의를 시작해봅시다.

첫째, 환경을 조성합니다. 팀 내에 숨겨진 문제들이 많으면 주간업무 회의를 아무리 열심히 해도 소용없습니다. 우선 문제가 음지로 흘러가는 것을 막아야 하죠. 지난 2020년 봄, 코로나19 바이러스 사태 초기를 떠올려봅시다. 여러분은 당시 방역 및 사태 진정을 가장 어렵게 만들었던 것이 무엇이라고 생각하나요? 바로 숨어 있는 확진자들이었습니다. 만약 그들에게 검사나 치료 비용 등을 부담시켰다면 어떻게 됐을까요? 분명히 더 음지로 숨어 나타나지 않는 사람들이 생겼을 것이고, 그럴수록 바이러스는 우리 사회에 더 깊숙이 침투하고 더 멀리 퍼져나갔을 겁니다. 이처럼 수면 아래의 문제들은 언젠가 더 큰 문제로 곪아서 터지기 마련입니다. 이게 무엇보다 무서운 일이죠.

일상적인 업무 관리도 다르지 않습니다. 앞서 온 더 테이블 문화를 만들어야 한다고 이야기한 바 있듯, 일이 잘못됐을 때나 실수가 발생했을 때 팀장은 팀원을 질책하기보다 문제 해결에 우선적으로 집중하는 것이 더 바람직합니다. 질책은 문제를 해결한 후 다른 방식으로 해도 늦지 않죠. 일상에서 두려움 없이, 숨김없이 모든 업무가 팀장에게 올라올 수 있게 하는 것이 먼저입니다. 그렇지 못하면 주간업무 회의를 아무리 체계적으로 해도 의미가 없습니다.

둘째, 업무 조망표를 만듭시다. 평소에 팀의 전체 업무를 파악할 수 있다면 굳이 매주 주간업무 회의를 진행할 필요가 있을

▶ **업무 조망표 예시**

인사팀 3월 업무 조망표

구분	업무1	마감	비고	업무2	마감	비고	업무3	마감	비고
A ○○○	△△ 업무	~5/30							
이슈	재무팀과 절차 충돌								
논의	재무팀 회의 4/20	4/20 완료							
해결	어려워지고 있음/ 조정 필요								
B ○○○									
이슈									
논의									
해결									
C ○○○									
이슈									
논의									
해결									

까요? 모든 업무를 큰 카테고리로 나누어 한눈에 살필 수 있도록 업무 상황을 정리하고 업데이트해나갈 수 있다면 불필요한 회의를 줄이고 업무 효율을 높일 수 있을 겁니다. 평상시에 팀원들과 충분히 대화하고 토론하는 틈틈이 중간보고와 최종보고를 받으세요. 그리고 팀장의 업무 조망표에 각 팀원의 의견이나 처리 방법, 결과 등을 기록하면 됩니다.

단, 팀원들을 일일이 마이크로 컨트롤하라는 뜻은 아닙니다. '조망한다'는 것은 전체를 한눈에, 그리고 멀리 본다는 의미입니다. 그렇게 할 수 있다면 리더가 팀의 문제에 더 빠르고 정확하게 다가갈 수 있지 않을까요?

셋째, 팀원들과 자주 만나 소통합니다. 첫째와 둘째 항목을 실천했다면 이제 팀원과 편한 관계를 만들어볼 차례입니다. 업무는 평소에 조망표를 중심으로 관리하고, 대신 팀원들과 더욱 가까워질 수 있는 시간들을 갖는 거죠. 때로는 이 시간이 필요하지 않다고 여겨질 수도 있습니다. 하지만 함께 나눈 대화가 조금씩 쌓일수록 서로를 더 많이 이해할 수 있게 될 겁니다. 처음에는 어색하고 그저 일상을 나누는 수준에 머물지도 모릅니다. 그래도 시간이 지나 유대와 신뢰가 탄탄해지면 반드시 일에 관련된 다양하고 진솔한 이야기가 나오기 시작할 것입니다. 조바심은 잠시 내려놓고 그 순간이 오길 차분히 기다려봅시다.

이 세 가지 방법이 특별히 어렵거나 대단한 것은 아니라고 생각합니다. 조금만 마음을 먹으면 누구라도 가능한 일이죠. 하지만 의식적으로 노력하지 않으면 쉽지 않은 일이기도 합니다. 다시 처음으로 돌아가, 주간업무 회의를 해야만 한다면 그 목적은 무엇이어야 할까요? 서두에 이야기했듯이 팀원들로 하여금 배를 만드는 것 그 자체를 위해 회사에 나오게 만들어서는 안 됩니다.

우리는 끊임없이 반복되는 일상 속에서 배를 만들고 또 만듭니다. 그러나 정작 그 배를 왜 만드는지 물어보면 선뜻 답이 나오질 않습니다. 주간업무 회의는 일의 의미를 찾고, 대화를 통해 문제를 해결하고, 새로운 일의 가치를 모색하며, 자기 생각을 끊임없이 보여주는 진정한 소통의 시간이 되어야 합니다.

손발이 고생하는
불명확한 소통

제대로 소통하지 못해 손발이 고생한 적이 있나요? 저는 있습
니다. 벌써 10년 전의 일입니다만, 그 일로 인해 명확한 소통의
중요성을 확실히 깨달았죠. 아내가 오후에 일이 있어서 아이들
을 장모님께 잠시 맡긴 날이었습니다. 장모님은 제가 퇴근해서
집에 오기 10분 전까지 아이들을 돌보셨고, 이후 친구분들과의
저녁 모임에 가셨습니다. 제가 집에 막 도착했을 때 장모님께
전화가 왔습니다. "태 서방, 내가 깜박하고 자네 집에 핸드폰을
놔두고 왔는데 좀 가져다주겠나? 지금 친구 핸드폰으로 전화하
는 거야. 자네 집 근처 ○○ 카페에 있으니 한 5분이면 될 것 같

은데?" 저는 당연히 가져다드리겠다고 했죠. 그런데 장모님께서 좀 미안하셨는지 다시 전화를 주셨습니다. "나도 천천히 갈 테니 중간에서 만나자고."

저는 서둘러 집을 나섰고 약속한 장소에 도착했습니다. 그런데 장모님께서 계시지 않았습니다. '왜 안 계시지? 오실 시간이 지났는데?' 설상가상 급히 나오느라 저도 핸드폰을 가지고 나오지 않아 연락할 방법이 없었죠. 나중에 알고 보니 우리는 차도를 사이에 두고 각각 맞은편 인도에서 서로를 기다렸던 것이었습니다. 차도 가운데에 화단이 조성되어 있었던 탓에 서로 보지 못했고요. 장모님은 기다리다 못해 제 집으로 가셔서 제게 연락하셨습니다(집 안에 제 핸드폰이 덩그러니 있는 것을 보시고는 장모님 핸드폰으로 전화를 거셨죠). 결국 저는 한참을 기다린 끝에 장모님께 핸드폰을 전해드릴 수 있었습니다. 머리를 한 대 얻어맞은 듯한 기분이었습니다. 저나 장모님이나 상대방이 어떻게 이해했는지는 상관없이 '중간 지점이면 당연히 여기로 오겠지'라고 자신이 생각한 대로만 움직였던 것이니까요. 사실 저는 이래야 했습니다.

1. 중간 지점이 어디인지 장소를 되묻거나 먼저 장소를 정해 알려드릴 것
2. 차라리 장모님이 계신 카페로 직접 찾아갈 것

인사 및 조직개발 업무를 담당하면서 소통의 중요성을 설파해왔던 제가 이렇게 어처구니없는 실수를 했다는 게 부끄럽기도 했죠. 이는 생각이 짧았다기보다는 명확한 소통 습관이 몸에 배어 있지 않았기 때문에 벌어진 일입니다. 이처럼 같은 것을 말하고 있지만 서로 다르게 이해하는 일이 조직 내에서도 일어나고 있지 않나요? 맞습니다. 오히려 더 빈번하게 일어나곤 하죠. 생각해보니 기업에서 커뮤니케이션 관련 교육을 그렇게 많이 하는데도 불구하고, 조직 내 소통이 개선됐다는 말은 거의 들어보지 못했던 것 같습니다.

특히 업무를 지시하는 팀장과 그 지시를 수행하는 팀원 사이에 소통 오류가 자주 발생합니다. 왜 그럴까요? 명확한 소통 방식이 습관으로 자리 잡히지 못했기 때문입니다. 강의 몇 번 듣고 책 몇 권 읽는다고 갑자기 훌륭한 소통가로 거듭나지지는 않죠. 중요한 것은 명확한 소통 방식이 습관으로 자리 잡게 하는 것입니다.

명확한 소통을 습관화하는 한 가지 예로, 군대 이야기를 해봅시다. 군대에서는 상급자가 명령이나 지시를 내리면 하급자가 이를 되풀이하여 외칩니다. 이렇게 복명복창하는 이유는 소통의 오류를 줄이기 위해서입니다. 듣는 사람이 잘 들었는지, 말한 사람과 듣는 사람이 동일하게 이해했는지 한 번 더 확인을 하는 것이죠. 군에서는 지시를 잘못 이해하고 행동했을 시 자칫 큰 사고로 이어질 수 있기 때문에 명확한 소통이 더더욱 중요합니다. 나아가 그 소통을 개인의 역량에 맡기지 않습니다. 수없는 반복 훈련을 통해 모두의 습관으로 만들어버리죠. 이게 바로 조직 문화입니다. 저는 직장인의 소통도 이와 같아야 한다고 생각합니다. 불명확한 소통은 결국 일을 산으로 가게 만드니까요.

예를 하나 더 들어볼까요? 카페에 가서 아메리카노를 주문한다고 해볼게요. '따뜻한 아메리카노'와 '아이스 아메리카노' 둘 중 하나를 고르면 될 겁니다. 그런데 어떤 손님들은 그냥 "아메리카노 주세요"라고 말하기도 합니다. 그렇다 보니 다음과 같은 문제가 생길 수 있죠.

"안녕하세요. 주문하시겠습니까?"
"(내가 늘 마시는 아이스) 아메리카노 주세요."
"네, (겨울이니까 당연히 따뜻한) 아메리카노 한 잔 준비해드리겠습니다."

이 대화로 인해 어떤 일이 벌어질까요? 손님은 원하던 음료를 받지 못할 것이고, 직원은 사과와 함께 음료를 다시 만들어야 할 겁니다. 혹은 손님이 약간의 불만족스러움을 감수하고 그냥 따뜻한 아메리카노를 가져갈 수도 있죠. 이 문제의 원인은 두 사람 모두에게 있습니다. 손님은 본인이 늘 마시던 것이다 보니 별생각 없이 구체적이지 않은 정보를 주었고, 직원은 그 정보를 자의적으로 해석했습니다. 물론, 대개의 경우 저런 주문을 받으면 직원이 따뜻한 것인지 차가운 것인지 되물을 테니 실제로는 이런 상황이 잘 벌어지지 않기는 합니다.

이처럼 업무에서도 명확히 소통하기 위해서는 되묻는 습관, 즉 다시 확인하는 습관을 길러야 합니다. 제가 장모님께 만날 장소가 정확히 어디인지 되물어 확인하기만 했어도 길이 어긋나지 않았을 테니까요. 군에서 복명복창을 하지 않는다면 모르긴 몰라도 크고 작은 사고가 왕왕 일어났을 것입니다. 카페에서 주문을 받는 직원이 메뉴를 한 번 더 확인하지 않는다면 주문 실수가 늘어날 거고요. 직장에서 일하는 것도 크게 다르지 않습니다. 장모님과의 일화 이후 저는 팀원들에게 업무 지시를 할 때나 상사로부터 지시를 받을 때 반드시 제가 이해하는 것과 상대방이 이해한 것이 같은지 확인하는 버릇이 생겼습니다. 이를테면 상사에게 지시를 받았을 때는 이런 질문을 하는 거죠.

- "말씀하신 부분이 ○○○이 맞습니까?"
- "제가 말씀을 이렇게 이해했는데 혹시 맞는지요?"
- "제가 이해한 내용 중 혹시 잘못된 부분이 있을까요?"

그리고 팀원에게 지시를 할 때는 이렇게 질문합니다.

- "김 대리가 이해한 것을 저한테 다시 이야기해줄래요?"

이렇게 되묻는 질문을 하면 서로의 이해가 명확해져 업무에 많은 도움이 됩니다. 저는 이렇게 확인하는 과정을 '싱크 퀘스천Sync Question'이라고 부릅니다. 여러분도 업무 커뮤니케이션에 싱크 퀘스천을 적극적으로 사용해보세요.

대부분 사고는 긴장하고 주의하는 곳에서는 일어나지 않습니다. 평소 어렵지 않게 해왔던 평범하고 익숙한 일에서 일어납니다. 당연하다고 여기던 것이 문제의 시작이 되죠. 그래서 모든 일을 당연하게 여기지 않는 것이 중요합니다. 되묻고 확인하는 습관은 겉보기엔 간단하지만 의외로 많은 실수와 사건, 사고를 줄여줍니다.

Lesson 3

철없는 소통에는
다 이유가 있다

사람이란 무릇 봄, 여름, 가을, 겨울 계절마다 그에 맞는 생활양식을 갖추고 행동하기 마련입니다. 누군가 한겨울에 반팔 티셔츠만 입거나 한여름에 패딩을 껴입는다면 어떨까요? 분명 사람들의 이목이 그 사람에게로 집중될 겁니다. 이처럼 상황이나 나이에 맞지 않는 행동을 하는 것을 가리켜 흔히 '철(계절)없다'라고 합니다. 회사에서도 이런 '철없는' 소통이 일어날 때가 있습니다.

업무 중 상대에게 전달할 내용이 많거나 공식적인 소통 내역이 필요할 때 메일을 사용합니다. 그런데 메일을 주고받다 보면 조금 이해하기 어려운 상황도 종종 생깁니다. 그냥 말로 전달하면 간단할 일을 메일로 장황하게 설명한다든지, 반대로 메일로 정리하고 기록으로 남겨야 할 문제를 구두로 전한다든지 하는 경우들이죠.

한 회사에 인사팀장으로 이직한 제 후배의 이야기입니다. 이직하고 얼마 지나지 않아 후배는 타 부서 직원에게서 무척 긴 업무 협조 메일을 받았습니다. 그런데 아무리 살펴봐도 그렇게 구구절절한 메일을 보낼 만큼 복잡한 일이 아니었습니다. '이런 일은 만나서 이야기해도 되는데 왜 굳이 메일을 보내는 수고를 했을까?' 하는 생각이 들었죠(물론 상대방 입장에서는 업무의 중요도가 달랐을지도 모릅니다). 후배는 그 직원과 직접 만나 이야기를 나눴고, 요청받은 일을 쉽게 처리해줬습니다. 그리고 이렇게 덧붙였습니다.

"다음부터 이런 일은 만나서 이야기해요."

이 이야기를 듣다가 문득 제 머릿속에 한 가지 물음표가 떠올랐습니다. 과연 그 직원이 요청 사항을 말로 전달하는 것과 이메일로 전달하는 것의 차이를 몰랐을까요? 그 배경에는 개인의 성향이나 습관 같은 이유도 있겠지만, 저는 이런 사소한 부분에서 그 조직의 문화가 드러난다고 생각합니다. 갓 이직해온 직원이 한눈에 비효율적임을 파악하고 지적할 만큼 간단한 일에 과한 메일을 적었다면 다음의 세 가지 경우 중 하나일 확률이 매우 높습니다.

1. 직원들이 서로 약속을 잘 지키지 않아 증거로써 메일이 필요한 경우
2. 직원들이 서로 만나기 싫어 비대면 교류를 선호하는 경우
3. 원래 부서 간 소통이 잘 이뤄지지 않는 경우

그러니까 신뢰가 없고, 그래서 두려움이 많은, 한마디로 '불신조직'인 거죠. 이처럼 메일이 오가는 상황을 조금만 살펴봐도 조직 전체의 분위기를 대충 가늠할 수 있습니다.

이와 같이 철없는, 즉 상황에 맞지 않는 소통이 일어나는 데는 다 이유가 있습니다. 후배가 그 회사에서 6개월 정도 근무했을 무렵 다시 이야기를 나눌 기회가 생겼습니다. 아니나 다를까, 그곳은 대표이사부터 임원, 팀장, 팀원 할 것 없이 약속을 잘 지키지 않는 분위기가 만연한 조직이었습니다. 구조조정도 잦았고 문제가 생길 때마다 서로 남 탓하기에 바쁜 곳이었죠. 그러니 구두로 요점만 간단히 설명하면 될 일도 전후 사정과 진행 상황, 기타 관계자 등등을 장황하게 덧붙여 메일로 전달하

는 겁니다. 쉽게 말해 '나는 이렇게 다 알려줬으니 이를 제대로 안 읽고 지키지 않으면 그건 당신 책임입니다'의 의미죠. 후배는 인사팀장으로서 앞으로 어떻게 해야 할지 많이 고민해야 했습니다. 공적인 기록을 남기는 것도 중요하지만 필요 이상으로 증거를 남기느라 업무 효율을 떨어뜨리는 것도 바람직하지는 않으니까요.

이렇게 약속을 가볍게 여기는 회사에는 신뢰가 쌓일 수 없습니다. 게다가 리더부터 그렇다면 정말 큰 문제입니다. 이는 가정의 모습과도 많이 닮아 있죠. 크든 작든 너무나 쉽게 약속을 어기는 부모의 말을 자녀들이 믿을 수 있을까요? 그런 부모가 당당히 자녀들을 훈육할 수 있을까요? 믿을 수 없는 부모에게 자녀가 솔직한 마음을 터놓고 말할 수 있을까요?

어떤 조직에서 소통이 원활하지 않은 이유로는 여러 가지가 있겠지만, 그중 우리를 가장 불편하게 하는 것은 불신입니다. 불신이 팽배한 조직은 그 근본적인 원인을 해결하지 않고서는 어떠한 노력을 기울여도 앞으로 나아갈 수 없습니다. 친목 도모와 사기 충전을 위해 회식을 하고, 사내 소모임을 갖고, 재미있는 프로그램으로 가득 채운 워크숍을 진행해도 그 효과는 미미할 겁니다. 보통 약속을 쉽게 여기는 리더들은 소통의 문제를 그다지 심각하게 받아들이지 않습니다. 그래서 '회식 한 번에 팀 분위기가 바로 좋아지겠어?', '시간이 좀 지나면 팀원들과 친해지겠지' 하고 스스로를 위로하며 같은 일을 반복합니다. 그렇게 원인은 들여다보지 않고 곁가지들만 쳐내니 결국 제자리에 머물게 되는 거죠.

소통은 방향이 중요합니다. 진정으로 조직에 도움이 되는 소통은 본질을 향합니다. 그럼 소통의 본질이란 무엇일까요? 그것은 명확성과 약속을 지키는 것입니다. 일을 하면서 생기는 문제 중 대부분은 리더의 업무 지시가 명확하지 않아 발생합니다. 그리고 리더가 한 말이 자주 번복되기 때문이기도 합니다. 물론 일을 하다 보면 진행하던 프로젝트가 하루아침에 엎어지기도 하고 일의 방향이 바뀌기도 합니다. 여기서 중요한 것은 번복할 때 하더라도 그 이유를 정확하고 투명하게 공유하는 것입니다. 그래야 팀원들이 진심으로 이해하고 새로운 지시를 따를 수 있으니까요. 이유를 설명하지 않고 무작정 말을 자주 바꾸기만 하는 리더를 팀원들이 따를 수 있을까요? 아마도 '또 바뀔 걸 무엇 하러 듣나' 하고 생각할 것입니다.

불신조직에서 흔히 나타나는 습성이 바로 증거를 남기는 것입니다. 원체 소통이 원활하지 않으니 사건·사고들이 많이 벌어지는데, 이때 좋게 말해서는 책임 소재를, 나쁘게 말해서는 남 탓을 하기 위해 증거를 남기는 거죠. 그 결과 철없는 소통, 다시 말해 부적절한 소통이 점점 많아집니다. 이 철없는 소통이 무서운 진짜 이유는 처음에는 개인의 성향으로 보고 별문제가 아니라고 판단하기 쉽지만, 조금만 시간이 흘러도 조직 전체에 확산되어 문화로 자리 잡고 당연시되기 일쑤라는 점입니다.

소통에 있어서 팀장은 명확성에 목숨을 걸고 약속에는 이름을 걸어야 합니다. 그래야 철없는 소통이 조직에서 없어집니다. 본질을 건드리지 못하면 조직 활성화를 위한 모든 소통 노력들이 그저 대표이사를 흐뭇하게 만드는 이벤트에 불과해질 테니까요.

팀원들은
당나귀가 아니다

'당근과 채찍'이라는 말을 모르는 사람은 없을 것입니다. 당근과 채찍 효과는 상과 벌을 적절히 번갈아 주면서 대상의 동기를 끌어내는 행동이죠. 원래 이 개념은 당나귀를 계속 달리게 하기 위해 눈앞에 당근을 매달아놓고 뒤로는 채찍을 휘두른 데에서 유래한 것입니다. 미국의 심리학자 레오 크레스피[Leo Crespi]는 이를 토대로 경영학 이론을 만들어냈는데 이를 '크레스피 효과[Crespi Effect]'라고 합니다.

1942년, 크레스피는 쥐의 미로 찾기 실험을 통해 일의 수행 능률을 올리기 위한 당근과 채찍이 효과를 내려면 점점 더 그 강도가 세져야 함을 입증했습니다. 무언가 하지 못하게 하려면 벌을 주어야 하는데, 벌의 강도는 점점 더 강해져야만 했고 반대로 바람직한 행동을 유도하려면 보상을 주어야 했는데, 그 강도 또한 점점 더 강해져야만 했죠. 즉, 당근과 채찍을 쓰려면 상대적으로 전보다 더 많은 자극을 가해야 한다는 겁니다. 이것이 바로 당근과 채찍의 한계입니다.

한 회사에서 같이 근무했던 동료 팀장이 있었습니다. 그는 당근과 채찍을 '굴리고 어르고 달랜다'는 개념으로 오해했던 사람이었죠. 그의 말을 빌리자면 먼저 채찍을 정신없이 휘두르고 난 뒤 팀원들이 퍼질 것 같으면 즉시 당근을 먹인다는 것입니다. 그는 평소 일을 할 때 팀원들에게 화를 잘 내고 인격적으로 심한 말도 서슴지 않는 듯했습니다(본인은 그것을 '카리스마'라고 표현했지만요). 그는 "평소 내가 내리는 채찍은 모두 팀원들이 잘되라고 하는 것이기 때문에(강하게 키운다), 나중에 연고를 발라주면 된다(당근을 준다)"라고 말하고는 했습니다. 성과를 내게 하려면 적절히 괴롭혀 긴장감을 줘야 하고, 그러다 상한 마음은 나중에 잘해줘서 풀어주면 그뿐이라는 말이었습니다. 과연 그럴까요? 그의 말처럼 채찍과 당근을 번갈아 쓰면 팀원들이 그 리더를 따르며 열심히 일할까요? 글쎄요, 제가 보기에 그 조직은 그리 행복해 보이지 않았습니다.

그 동료는 그러한 방법을 가리켜 자신의 리더십 스타일이라고 했지만 저는 동의할 수 없었습니다. 그가 그런 식으로 말할 때마다 저는 반문했습니다. "무슨 말인지는 알겠는데, 그것보다 더욱 중요한 사실이 하나 있어요. 팀원들은 당나귀가 아니잖아요? 당근과 채찍은 원래 당나귀한테 쓰는 것 아닌가요?" 당근과 채찍은 본래 동물을 길들이기 위한 방법이라는 것을 간과해서는 안 됩니다. 사람이 당나귀와 같을 수는 없죠.

예전 제 상사 중 한 명도 그랬던 것 같습니다. 평소에 어찌나 불같이 화를 내는지 자신의 스트레스를 팀원들한테 푼다는 생각이 들 정도였습니다. 자존심을 할퀴는 말을 면전에서 던지기는 부지기수였죠. 그렇게 한바탕하고 나면 항상 나중에 소주한잔 마시며 털어버리자는 말을 건네는 것이 그의 패턴이었습니다. 실제로 퇴근 후 회식 자리를 가지며 종종 술잔에 술을 따라주곤 했지만, 저는 전혀 고맙지 않았습니다. 옳고 그름의 문제를 떠나 제 인격에 깊은 상처를 입은 뒤였으니까요. 권위를 가진 자의 거친 말과 행동이 주는 상처는 쉽게 치유되지 않습니다. 누군가 말했듯 그 상처는 소주로 소독해도 아물지 않죠. 그 상사도 제 딴에는 당근과 채찍을 적절히 활용하고 있다고 여겼던 듯합니다. 나름의 리더십을 발휘해 부하직원들을 쪼이고 풀어주기를 반복하면서 효과적으로 관리하고 있다고 말입니다. 하지만 그것은 오만한 착각입니다.

자신이 당근과 채찍으로 사람들을 잘 관리하고 있다고 믿는 리더들은 설계주의의 오류에 빠져 있는 것일지도 모릅니다. 설계주의는 어떤 프레임 속에서 내가 설계한 대로 사람들이 움직일 것이라는 믿음 아래 계획하고 행동하는 것을 말합니다. 혹시 '사랑의 채찍'을 믿으시나요? 저는 믿지 않습니다. 채찍을 든다는 것은 내가 더 노력을 기울이지 않고 폭력으로 문제를 해결하는 손쉬운 방법을 택하겠다는 것과 같기 때문입니다. 저는 "소주 한잔하면서 이야기하자"라는 말도 믿지 않습니다. 특히 팀원에게 사과나 불편한 말을 건네야 하는 상황이라면 술은 더더욱 피해야죠. 어려운 이야기일수록 또렷한 정신으로 전하는 게 듣는 사람을 예우하는 것이라 생각합니다. 이는 팀장으로서 그런 상황도 감당하고 책임지겠다는 용기의 표현이기도 하고요. 그런 용기는 신뢰의 밑거름이 되어줍니다. 알코올의 힘을 빌려 가볍게 이야기한다고 해서 있던 일이 없어지고 없던 일이 생기지는 않습니다.

지금 조직 관리의 방법으로 당근과 채찍을 고민하고 있다면 그 고민은 결코 도움이 되지 않을 겁니다. 사람은 그 무엇보다 복잡하고 알 수 없는 존재입니다. 심지어 조직 관리는 '사람'이라는 무한대의 변수에 '상황'이라는 무한대의 변수가 곱해진, 무수한 변수들의 집합체죠. 그러니 단순히 어르고 달래고 질책하고 몰아붙이면 조직이 내 마음대로 움직일 것이라는 기대는 내려놓는 게 좋겠습니다. 그중에서도 채찍을 휘두르는 건 팀원과의 관계를 돌이킬 수 없게 만들기 쉽습니다. 그것이 설령 팀과 팀원의 성장을 위한 것이라 해도요.

아무리 옳은 의도를 가졌더라도 말과 행동이 상대방의 마음에 상처를 입힌다면 그 옳은 의도마저 퇴색되고 맙니다. 결국 리더는 명분과 실리 모두를 잃게 되고, 스스로 본인이 속한 조직을 모래알처럼 흩어지게 만든 꼴이 될 겁니다. 사람은 당나귀가 아니며, 아무리 맛있는 당근을 받았다고 해도 몸과 마음에 상처를 준 채찍을 절대 잊지 않습니다.

개구리 올챙이 적
생각하기

어느 날 저녁 식사 중에 고등학생인 아들이 불쑥 제게 물었습니다. "아빠, 심퍼시Sympathy와 앰퍼시Empathy의 차이를 알아?" 순간 저는 당황했습니다. 둘 다 공감과 관련된 말이라는 건 아는데 그 차이가 무엇인지 바로 떠오르지 않았거든요. "글쎄? 둘 다 공감을 뜻하는 것 같긴 한데, 구체적인 의미는 기억이 안 나네." 그러자 아들은 이렇게 이야기했습니다. "심퍼시는 동정에 가까운 공감이야. 안 좋은 일을 당한 사람에 대해 깊은 연민을 느끼며 안타까워하는 것에 가까워. 그리고 앰퍼시는 상대방이 느끼는 감정과 그 감정을 느끼게 한 상황을 이해하는 거야. 두 가지

다 사람에게 필요하지만 엠퍼시가 많은 사람은 그냥 동정만 하는 게 아니라 행동이 뒤따르는 것 같아. 그 사람의 감정에 이입해서 상대를 어떻게 도울 수 있을지까지 생각할 수 있으니까."

정리하자면, 아들은 '동정을 넘어선 상황의 이해, 그리고 이를 바탕으로 한 실질적 도움의 중요성'에 대해 말하고 싶었던 것 같습니다. 저는 두 단어의 차이를 생각하면서 문득 우리 속담인 '개구리 올챙이 적 생각 못 한다'라는 말이 떠올랐습니다. 이 속담 속 개구리야말로 타인에 대한 엠퍼시가 부족한 것 아닐까 싶습니다.

1장에서도 이야기했지만, 개구리가 올챙이 때의 어려움을 기억한다면 힘들어하는 올챙이들의 마음을 잘 알 것이고 나아가 현실적인 도움도 줄 수 있지 않을까요? 대표적 사례가 국민 MC 유재석 씨가 아닐까 합니다. 10년 넘게 무명의 올챙이로 살았던 자신의 모습을 잊지 않고 있기에 아직 빛을 보지 못한 후배들의 사정을 누구보다 이해하며, 그래서 보이지 않는 곳에서 힘든 처지에 있는 후배들을 잘 챙기는 것 같습니다.

저는 예전부터 '네거티브 러닝Negative Learning'이라는 말을 자주 사용해왔습니다. '반면교사反面敎師'와 같은 의미죠. 주위에 모범이 될 만한 좋은 사람들만 있어 그들을 보고 배워 성장할 수 있다면 참 좋겠습니다만, 어디 세상이 그런가요? 주변을 돌아보면 정말 닮고 싶지 않은 사람들이 생각보다 많이 있는데요, 저는 이들을 연구 대상으로 정해 관찰했습니다. 그리고 이들의 잘못된 생각과 언행의 딱 반대로만 해보기로 마음먹었죠.

제가 올챙이였던 시절 정말 불편했던 상사의 모습들, 무능력해 보였던 말과 행동들, 무책임하거나 이해되지 않았던 결정들을 곱씹어보며 그것을 되풀이하지 않으려 노력했습니다. "나는 저렇게 하지 않을 거야!" 하고 말하기는 쉽지만 이를 행동으로 옮기는 것은 꽤나 어려운 일이었습니다. 그렇다고 제가 완전 무결한 팀장으로 거듭났다는 이야기는 아닙니다. 저도 팀원이나 상사들을 실망시킨 적이 있고, 아마 제가 기억하는 것보다 더 많은 실수를 했을 겁니다. 다만 그런 시행착오를 겪을지언정 팀원들이 닮고 싶은 팀장이 되기 위해 스스로를 끊임없이 돌아보고 긴장하며 변하려고 노력했죠. 그리고 실제로 저는 변화해나갔습니다.

롤모델이 없어서, 멘토가 없어서 팀장으로서 나아갈 길이 막막하다면 각자의 올챙이 시절을 떠올려보세요. 그때 내가 화났던 일이라면 지금 내 팀원들도 화나는 일입니다. 그때 내가 죽도록 싫었던 일이라면 지금 내 팀원들에게도 죽도록 싫은 일입니다. 예전의 내가 부정적으로 여겼던 것들이 무엇인지 의식하면서 팀원들을 대하는 것만으로도 소통을 잘하는 팀장이 될 수 있습니다.

저는 인사 교육 담당으로서 팀장들의 소통 능력 향상에 관해 깊이 고민하고 많은 시간을 쏟았습니다. 하지만 솔직히 그렇게 노력해서 진행한 교육의 결과로 큰 변화가 있을 거라 기대하기는 어려웠죠. 왜 교육의 효과가 떨어졌을까요? 어쩌면 우리 팀장들은 리더십을 너무 거창하고 대단한 무언가로 바라보고 있는 것이 아닐까요? 다시 말해 교육상의 리더십과 현실의 리더십 사이에 거리가 좀 있었던 겁니다. 그래서 때때로 어렵고 지루하게 느껴졌던 거죠.

그런 의미에서 '개구리 올챙이 적 생각하기'는 나의 일상과 아주 밀접한 리더십 실천법이라 할 수 있습니다. 나의 실제 경험을 바탕으로 지금 팀원들이 느끼는 어려움을 헤아려보는 것이니까요. 아주 작고 사소한 일이라도 괜찮습니다. 부서 회식을 예로 들어볼까요? 팀원 시절에 회식 장소를 알아보고 팀장에게 확인받아 예약하는 과정이 항상 힘들었다면, 이제는 장소나 메뉴 선정 문제를 온전히 팀원들에게 맡기고 팀장인 나는 그 결정에 따라가는 것입니다. 특별히 중요한 자리만 직접 챙기면 됩니다. 만약 상사와의 술자리에서 술을 억지로 마셔야 하는 게 불편했다면, 나는 그러지 않으면 되고요. 변화는 중대한 문제에서만 시작되는 게 아닙니다.

오히려 팀장이 이렇게 별것 아닌 것을 먼저 배려하고 팀원의 입장을 이해하는 모습을 보일 때 팀원들의 마음이 움직이기 시작합니다. '투 앰퍼시$^{To\ Empathy}$', 여러분의 올챙이 시절로 돌아가 팀원들의 감정과 그들이 처한 상황을 이해하고 공감하려 노력한다면 앞으로 어떻게 함께 일하고 소통해야 할지 스스로 답을 찾게 될 거예요. 리더로 성공하려면 힘^{力}이 아니라 심^{心}을 키워야 합니다. 팀원의 마음을 잘 알아주는 이가 진정한 팀장이 아닐까요?

뻔하지 않은 말이
마음을 움직인다

제가 대리였을 때의 일입니다. 추운 겨울이었고, 시간은 밤 10시를 넘어가고 있었습니다. 저는 대충 김밥으로 저녁을 때우고 혼자 사무실에 남아 열심히 자료를 만들고 있었죠. 구체적으로 어떤 일이었는지 기억나지는 않지만, 썩 유쾌하지 않았던 기분만은 선명합니다. 혼자 툴툴거리며 일하고 있는데, 옆 부서의 영업팀장님이 퇴근하면서 저에게 말을 걸었습니다.

"태 대리, 무슨 일을 그렇게 열심히 해? 저녁은 먹었고? 이제 정리하고 집에 들어가~!"

"네, 간단히 먹었습니다. 내일 보고드릴 자료를 만들고 있는데 분량이 좀 많아서 조금 더 해야 할 것 같습니다."

"그래, 뭐 열심히 하는 건 좋은데 몸 챙겨가면서 해. 그러다 나이 들면 뼈 삭는다."

"네, 팀장님. 감사합니다. 조심히 들어가세요."

평소와 다를 것 없는 대화였습니다. 그런데 팀장님은 갑자기 무슨 생각이 났는지 걸음을 멈추고 저를 돌아보며 다시 말을 걸었습니다.

"근데 말이야, 태 대리. 상사한테 너무 충성하지 마라. 네 일한테 충성해. 그래야 네가 산다. 아니면 소작농으로 사는 거고."

"예? 소작농이요? 네, 알겠습니다. 살펴 들어가십시오."

저는 그 말이 무슨 뜻인지 몰랐지만 알겠다고 답하고는 대화를 마무리 지었습니다. 솔직히 잔뜩 쌓인 업무에 정신이 없는데 자꾸 말을 거는 팀장님이 좀 귀찮았습니다. 아무튼 그날은 자정이 넘어서까지 일한 뒤, 택시를 타고 퇴근했습니다. 다음 날 보고는 무사히 끝났고 노력한 만큼 보람도 있었습니다. 뿌듯하고 후련한 마음에 잠시 바람을 쐬려고 옥상으로 올라갔는데, 어제 영업팀장님이 한 말이 자꾸 머릿속을 맴돌았습니다.

다시 생각해보니 그 의미를 알 것도 같았습니다. 회사 일도 중요하고 상사에게 인정받는 것도 중요하지만, 누구의 일을 대신해주는 것이 아니라 주체적으로 나의 일을 해나가야 한다는 말이었습니다. 그분이 보기에 제가 의미 없이 시키는 일을 열심히 하기만 하는 사람 같았던 거죠. 틀린 말은 아니었습니다. 당시 제가 일하는 가장 큰 이유는 상사에게 인정받기 위해서였거든요. 누구나 그렇겠지만 혼나는 게 정말 싫었고 칭찬받고 싶은 마음이 유달리 컸습니다. 그래서 눈을 가린 채 앞만 보며 달리는 경주마처럼 그저 열심히 일만 했던 거죠. 작은 깨우침을 얻은 후 저는 그 팀장님을 찾아갔고, 더 깊이 있는 말씀들을 들을 수 있었습니다. 그때부터는 우리 팀 팀장님보다 그분을 더 믿고 따랐던 것 같습니다(지금 돌이켜보니 그런 이야기들을 직속 상사에게서 들었으면 더 좋았겠다는 생각도 드네요).

저는 왜 그 팀장님을 그렇게 따르게 됐을까요? 그분이 순수한 마음으로 저를 위해 매우 현실적인 조언을 해주었기 때문입니다. 잠깐이었지만 온전히 내 편이 되어주었다고 해야 할까요? 당시 선배나 상사들에게 종종 들었던 '조직 중심', '성과', '전략', '성장' 등의 말보다 "회사 말고 네 일에게 충성해라. 그렇지 않으면 소작농으로 산다"라는 말이 제 마음에 와닿았던 것은 그래서였을 겁니다. 진심이 담긴 말의 임팩트는 생각보다 훨씬 강력해서 일과 회사를 대하는 저의 사고방식이 바뀌는데 중요한 계기가 됐습니다. 어쩌면 그저 우연히 영업팀장님이 그때 제 상황에 딱 맞는 말을 한 것일지도 모릅니다. 그렇더라도 제가 직장 생활을 하면서 누구에게도 듣지 못했던 말이었다는 것만은 분명한 사실이죠.

홈쇼핑계의 유명 쇼호스트나 실적이 좋은 영업사원은 어떻게 사람을 움직일까요? 그들은 우리 제품이 무조건 최고라고 하지 않습니다. 오히려 단점은 단점대로 정직하게 말하고 다른 제품 중에도 충분히 좋은 것들이 많다는 것을 인정합니다. 대신 우리 제품을 쓰려는 잠정고객들을 대상으로 핏 포인트Fit Point, 즉 이 제품이 그들에게 특히 잘 맞고 필요한 이유를 강조합니다. 그러면 우선 신뢰가 갑니다. 흔히 물건을 파는 사람이 할 법한, 뻔하디 뻔한 말이 아니기 때문입니다. '아, 이 사람은 솔직하니까 믿어도 되겠다', '이 사람은 최소한 객관적이긴 하네'라는 생각이 들면 그때부터 믿음이 싹트고 상대의 말에 귀를 기울이게 됩니다.

팀장과 팀원의 관계도 크게 다를 게 없습니다. 팀원은 팀장을, 팀장은 팀원을 매일같이 설득하고 협상해야 하죠. 업무의 모든 과정이 설득과 협상의 연속이라고 봐도 과언이 아닐 정도입니다. 이때 진심을 담은 뻔하지 않은 말만큼 상대의 마음을 울리는 것도 없습니다. 팀원과의 관계뿐 아니라 임원이나 대표이사와의 관계에서도 마찬가지고요. 이들이 제일 싫어하는 게 뭘까요? 바로 교과서처럼 뻔한 정답을 듣는 것입니다. 모두가 짠 듯이 같은 말을 하는 가운데 자기 생각이 분명하고 색다른 관점의 견해를 가진 사람이 있다면 대표이사는 그 사람을 주목할 수밖에 없습니다. 온갖 그럴싸한 말로 포장된 입발림보다 조금 투박해도 꾸밈없는 진실에 목말라 있기 때문입니다.

회사에 소속되어 있을 때 저는 가끔 도움이 필요한 팀원들에게 커리어 코칭을 해주었는데요, 이 역시 같은 이치가 아닐까 합니다. 모르는 사람이 보면 팀원이 회사를 떠나지 못하게 막아야 할 사람이, 도리어 앞으로 어떤 방향으로 이직하면 좋다는 조언을 하니 이직을 부추기고 있다고 오해할 만한 일이죠. 그런데 흥미롭게도 그렇게 커리어 관련 고민을 나눈 이들일수록 회사에 더 오래 머물렀고 저와 더 오랜 시간 함께 일했습니다. 나중에 들은 말이지만 저에게 더 많은 것들을 배우고 싶었기 때문에 더 오래 조직에 머물 수 있었다고 합니다. 저는 그들에게 "우리 회사에서 오래오래 같이 열심히 일하자"라고 말하지 않았습니다. 대신 이렇게 말했죠.

"언제든 때가 되면 박 대리는 스스로의 발전을 위해 회사를 떠날 수 있어요. 그건 저도 마찬가지죠. 다만 그때가 오기 전까지는 함께 즐겁게 일해봅시다."

물론, 이 말은 진심이었습니다. 그러니까 팀원들의 마음에 제 마음이 닿을 수 있었던 거죠. 팀장과 팀원이 정서적으로 결합되고, 그것을 서로 느낄 때 비로소 숨김없는 소통이 가능해집니다. 여러분은 오래 함께하고 싶은 팀원에게 어떤 말을 하고 싶나요? 뻔하지 않게 나의 진심을 전할 수 있는 말이 무엇일지 오늘부터 생각해보는 것은 어떨까요?

팀장의 표정이 팀의 분위기에
미치는 영향

"아, 제가 그랬나요? 정말요?"

한때 제가 자주 하던 말입니다. 특히 타인에게서 조언이나
지적을 들을 때 이렇게 반응했는데요, 그때 들은 조언과 지적들
은 대개 다음과 같은 것들이었습니다. 직장 선배나 상사, 팀원,
심지어 아내와 자녀들에게서 이런 말을 듣곤 했죠.

- "팀장님, 가끔 일하시는 모습을 보면 화가 많이 나신 것 같아요.
  무섭습니다."

- "태 팀장은 평소 인상은 좋은데 뭔가에 집중만 하면 얼굴이 일그러지는 것 같아. 표정 관리를 하는 게 좋겠네요."
- "여보, 미간에 내 천川 자 좀 그만 그려. 그러다 인상 나빠진다."
- "아빠, 뭐 안 좋은 일 있어? 왜 그렇게 심각해?"

전부 제 표정이 주변 사람들을 불편하게 만든다는 내용이었습니다. 한마디로 인상 좀 쓰지 말라는 거죠. 그때까지 인상이 좋다는 말을 주로 들어왔던 저는 이를 인정할 수 없었습니다. 그래서 "내가 정말 그래?", "그럴 리가 없는데?", "나 평소에 인상 좋다는 말 많이 듣는걸?" 하며 반문하고는 했습니다(이렇게 글로 적고 보니 당시 제게 좋은 마음으로 조언을 했을 사람들이 무안했을 법한 반응이네요).

그래도 많은 사람에게서 비슷한 조언을 여러 차례 듣자 스스로 점검을 해봐야겠다는 생각이 들었습니다. 그래서 책을 읽거나 일할 때의 제 모습을 영상으로 촬영해보기로 했죠. 처음에는 카메라를 의식해서 그런지 이상한 점이 보이지 않았습니다. 하지만 몇 번 더 촬영하며 카메라의 존재를 잊어버리는 때가 오자 사람들이 말한 순간을 포착할 수 있었습니다. 집중하거나 생각에 잠겼을 때 제 표정은 꼭 싸우기 일보 직전의 사람 같았습니다. 미간을 잔뜩 찌푸리고서 뭔가를 쏘아보는 듯했습니다. 사람들의 말이 다 맞았던 거죠. 의도한 것은 절대 아니지만 그런 저를 보고 동료들과 가족들이 불편해할 만했습니다. 소통은 꼭 말로만 하는 게 아니라는 것을 다시금 깨닫게 된 사건이었습니다. 표정이나 몸짓 같은 비ᵇ언어적 소통 방식이 얼마나 중요한지 새삼 느꼈습니다. 더욱이 리더가 툭 하면 경직되고 위협적인 표정을 짓고 있다면 그 팀의 분위기가 어떻게 될까요?

비언어적 커뮤니케이션이 얼마나 중요한지는 정치판에서 쉽게 확인할 수 있습니다. 미국 펜실베이니아대 와튼스쿨의 협상학 교수인 모리 타헤리포어Mori Taheripour는 저서 《사람은 무엇으로 움직이는가》에서 미국의 퍼스트레이디였던 미셸 오바마의 일화를 소개했습니다. 그녀는 남편 버락 오바마의 대선을 돕기 위해 여러 번 대중연설을 했습니다. 하지만 공화당 진영으로부터 '사나운 무정부주의자'라는 거센 공격을 받았고, 대중의 반응도 기대한 만큼 좋지는 않았습니다.

고민 끝에 미셸은 대중연설 컨설턴트에게 도움을 받기로 했습니다. 그 결과 자신이 표현하고자 했던, 불의에 맞서는 정의감이나 진정성 같은 정신적 자산이 무뚝뚝하고 화가 나 보이는 표정에 모두 가려져버렸음을 알게 됐죠. 음소거를 하고 자신의 연설 영상을 보았는데, 표정과 몸짓만 보니 자기 자신이 너무나 진지하고 엄숙하며 화가 잔뜩 나 있었던 겁니다. 그녀는 컨설턴트의 조언을 적극적으로 받아들여 자신의 장점을 극대화하는 쪽에 집중했습니다. 밝고 유머러스한 평소의 성격을 숨기지 않고 있는 그대로 드러내며 남편과 자녀들에 대한 사랑, 화목한 가정의 가치, 엄마로서 느끼는 자부심 등 행복에 관한 보편적 가치를 이야기했습니다. 이후 그녀를 향한 대중들의 시선이 확연히 달라졌음은 당연한 수순이었고요.*

심리학 용어 중 '투명성 착각Illusion Transparency'이라는 것이 있습니다. 이는 자신의 감정이나 생각을 굳이 설명하지 않아도 상대방이 투명한 유리를 통해 나를 보듯이 잘 알 것이라고 착각하는 것을 말합니다. 가까운 관계일수록 자주 나타나는 현상이죠. "내가 무슨 말을 하고 싶은지 말 안 해도 알지?"라는 말을 여러분도 한 번쯤은 들어봤을 겁니다. 근데 속을 훤히 들여다볼 만큼 상대를 잘 알기란 쉽지 않은 일이거든요. 어쩌면 저도 이 투명성 착각에 빠졌던 것일지도 모르겠습니다. 집중할 때 내 얼굴이 어떤지 알면서도 '나를 잘 아는 사람들은 내가 너무 몰두해서 이렇다는 걸 알 거야' 혹은 '나와 친한 사람들이면 이 정도는 이해해줄 거야'라고 말입니다(하지만 정말이지 그렇게 무서워 보일 줄은 몰랐습니다).

---

* 모리 타헤리포어, 《사람은 무엇으로 움직이는가》, 이수경 옮김, 인플루엔셜, 2021.

물론 모든 상황에서 내 표정과 몸짓을 타인의 기준에 맞출 필요는 없습니다. 남들의 기대에 호응하기 위해 긴장할 필요도 없죠. 직장 생활을 하면서 매사에 미소 짓기가 얼마나 어려운지도 잘 압니다. 그렇지만 팀장, 즉 리더가 됐다면 내가 하는 말과 행동, 표정과 눈빛에 좀 더 주의를 기울여야 합니다. 사람들은 그런 리더의 비언어적 표현들에도 적지 않은 영향을 받는다는 것을 기억하세요.

솔직히 조금 피곤하긴 합니다. 팀장이 되고 업무가 쏟아지는데 표정 관리까지 해야 한다니! 그럴수록 긍정적으로 생각해봅시다. 밝고 긍정적인 얼굴, 따뜻한 시선과 상냥한 목소리 톤, 부드러운 제스처가 습관이 된다면 그것은 앞으로 내 인생에 있어 도움이 되면 됐지 절대 손해는 아닐 테니까요. 오늘부터 일을 하거나 책을 읽거나, 아무튼 뭔가에 집중하고 있는 내 모습을 촬영해보면 어떨까요? 제3자의 입장에서 스스로를 바라볼 수 있을 겁니다.

팀장의 관리

•

일과 관계를 관리하는 법

유명한 기업인이나 정치인, 연예인들이 피나는 노력으로 쌓아 올린 성취와 좋은 평판이 한순간에 무너지는 모습을 우리는 이따금 목격합니다. 반대로 특별한 사건이나 사고 없이 무난히 잘 살아가는 유명인들도 있습니다. 그 차이는 무엇일까요? 그것은 바로 자기 관리력Self-management Power과 유지 보수력Maintenance Power입니다. 자기 관리력이란 부정성과 긍정성을 알아보는 판단 능력이며 이에 대한 민감도를 유지하는 힘이고, 유지 보수력은 설령 내가 잘못된 길로 들어섰을지라도 빨리 알아차리고 빠져나올 수 있는 회복 능력을 말합니다.

내 주위에 있는 사람들과 나를 둘러싼 상황들의 부정성과 긍정성을 잘 구분해야 합니다. 그리고 그 영향력에 민감해지세요. 생존의 원칙은 아주 단순합니다. 이상하면 피하고, 좋은 것이면 적극적으로 함께하면 됩니다.

컨디션도
전략이다

게임회사에서 조직개발실장으로 재직하던 시절 전사 워크숍을
할 때의 일입니다. 회사의 전 직원이 참여하는 대규모 행사인
만큼 저는 팀원들과 함께 콘셉트부터 프로그램 기획 및 구성,
시나리오와 시뮬레이션, 관계자 섭외, 운영까지 꽤 철저히 준비
했습니다. 그러나 안타깝게도 그 워크숍은 제게 최악의 행사가
되고 말았습니다. 다른 때보다 더욱 공들여 준비했는데, 첫날부
터 몸이 좋지 않아 행사 기간 내내 숙소에 누워 있었거든요. 아
시겠지만 전사 워크숍은 임원들과 대표이사도 참여하는 행사
입니다. 주관 부서의 실장이 아파서 몸져누워 있는 것은 직원에

게나 경영진에게나 좋게 비춰질 리 없었습니다. 간신히 병원에 다녀와 경연진에게 인사를 드리긴 했지만 스스로가 너무 부끄러웠습니다.

'머릿속으로 알고 있는 것'과 '그것을 실제로 행하는 것'은 전혀 다른 문제라는 것을 그때 알았습니다. 리더라면 어떤 경우라도 최상의 컨디션을 유지해야 한다고 다른 임직원들을 교육해왔음에도, 정작 저는 그렇게 하지 못했습니다. 팀원들의 활약으로 워크숍은 잘 마무리됐지만, 조직의 장으로서 현장을 지키지 못했고 팀원들과 함께하지 못했다는 것이 지금까지도 가장 후회스럽습니다.

이런 일은 평소 우리 주변에서도 많이 벌어집니다. 연주회를 앞둔 피아니스트나 성악가, 공연을 앞둔 가수, 시험을 보는 수험생처럼 중요한 이벤트를 앞둔 사람에게는 당일 컨디션(건강 관리)이 무엇보다 중요합니다. 그동안 철저하게 준비했더라도 결전의 날에 몸 상태가 좋지 않다면 모든 것이 허사로 돌아가고 마니까요.

조직을 관리하는 팀장에게 건강 관리는 성과만큼 중요합니다. 여기저기 자주 아픈 리더를 보면 회사는 그의 자기 관리력을 의심하게 될 거예요. 그러니 아프지 말아야 합니다. 그런데 이게 마음대로 되나요? 인정하기 싫지만, 지금 이 순간에도 우리의 몸은 조금씩 노화되고 있습니다. 게다가 우리는 술과 기름진 안주가 가득한 각종 회식에 늦은 귀가, 야근, 밤샘, 각종 스트레스, 흡연 등 우리의 건강을 악화시키는 것들로 늘 둘러싸여 있습니다. 안타까운 현실이죠.

그렇지만 내 커리어를 팀장에서 끝내고 싶은 사람은 거의 없을 겁니다. 새로운 커리어를 쌓고 이후의 인생을 이어나가기 위해서라도 우리는 스스로 건강을 지켜나가야 합니다. 저도 예전에는 성공하려면 똑똑하고 행동력이 있으며 대인 관계가 좋고 긍정적인 마인드를 지녀야 한다고 생각했습니다. 그러나 지금은 생각이 바뀌었습니다. '성공하려면 무엇보다 몸이 건강해야 한다!'라고요. 그러니 이제부터라도 틈틈이 운동하고, 건강에 좋은 식습관을 갖춰야 합니다. 혹시 흡연을 하고 있다면 이참에 금연을 고려해보는 것도 좋겠습니다. 컨디션이 최악이었던 그 워크숍 이후로 저는 크게 느낀 바가 있어 본격적으로 건강을 챙기기 시작했습니다. 그 이유는 크게 두 가지입니다.

첫째, 중요할 때 팀장의 부재(적어도 건강상 이유로 인한)를 막기 위해서입니다. 팀장의 부재는 팀과 개인의 기회를 모두 놓치게 만듭니다. 모처럼 기회가 왔는데 그 자리, 그 시간에 팀장이 없다면? 다른 부서, 다른 사람에게 그 행운이 넘어갈 수도 있죠. 항상 좋은 컨디션을 유지하는 것도 조직에서 리더로 성공하기 위한 전략입니다.

둘째, 삶의 활력을 얻기 위함입니다. 몸을 움직이지 않으면 활력이 떨어집니다. 활력이 떨어지면 더더욱 몸을 움직이기 싫어지죠. 몸을 움직이지 않으면 살이 찝니다. 살이 찌면 다시 활력이 떨어지고요. 그야말로 악순환입니다. 설상가상 나이는 계속 들어가는데 몸까지 무겁다면 얼굴에 피곤함이 가득 묻어나올 수밖에 없습니다. 여러분이 경영진이라면 항상 피곤에 절어 있는 팀장과 함께 일하고 싶을까요? 경연진뿐 아니라 누구라도 그렇진 않을 겁니다.

조직에서 독립해 컨설팅과 강의를 업으로 삼고 있는 지금도 저는 계속해서 몸을 단련하고 있습니다. 이렇게 꾸준히 지치지 않고 건강을 관리할 수 있었던 것은 제 나름의 원칙이 있기 때문인데요, 그것은 '운동을 하되 절대 욕심부리지 말자'입니다. 꾸준히 하기 어려울 것 같거나 마음만 앞서 무리하게 되는 것은 하지 않습니다. 그 대신 매일 조금씩 오래도록 실천할 수 있는 것에 집중합니다. 매일 저녁 50분씩 4km를 걷고 집에 돌아와서 스트레칭을 하는 것이 저의 루틴이죠. 기름진 음식이나 가공식품은 가급적 피하고 현미밥과 신선한 채소와 육류를 골고루 먹습니다. 몇십 년간 피우던 담배도 끊었고요.

40대 초반까지 건강 관리를 전혀 하지 않았던 저는 운동을 시작하면서부터 몸이 가벼워짐을 느꼈습니다. 특히 얼굴빛이 좋아졌다는 말을 듣게 됐죠. 조직에서도 활기차고 적극적인 리더가 됐습니다. 40대 중반을 넘어서서도 여전히 새로운 시각과 본질을 파고드는 끈질김을 유지할 수 있었죠. 한근태 한스컨설팅 대표가 저서 《몸이 먼저다》에서 강조했듯이 지금, 그리고 앞으로 오랫동안 내가 하고 싶은 일을 하기 위해서는 몸과 건강에 꾸준히 관심을 기울여야 합니다.

팀장으로서, 나아가 한 인간으로서 성공하기 위해 가장 첫번째로 해야 할 일을 꼽으라면 저는 내 몸을 건강하게 가꾸며 최상의 컨디션을 유지하는 것이라 답하겠습니다. 직장인에게는 컨디션도 전략입니다.

심플라이징과
진정성

성공적인 이직을 위해 가장 기본적이고 필수적으로 갖춰야 할 것은 무엇일까요? 바로 잘 준비된 이력서와 자기소개서입니다. 이력서와 자기소개서는 면접관을 설득하는 첫 관문이기 때문이죠. 그래서 나의 핵심 역량과 수행했던 주요 업무, 성과 등을 효과적으로 어필할 수 있게 작성하는 것이 중요합니다. 서류전형이 설득의 과정임을 이해하지 못한 사람들의 이력서와 자기소개서를 보면 공통적으로 보이는 특징이 있습니다. 드러내야할 것과 그렇지 않은 것을 제대로 판단하지 못해 핵심을 명확히 전달하지 못한다는 것입니다. 즉, 중요한 것이 무엇인지 모른다는 뜻입니다. 예를 들자면 이력서에 세세하게 적어야 할 주요 항목인 직무 기술Job Description은 단순 요약해버리고 부수적인 업무나 성과를 장황하게 늘어놓는 겁니다. 유감입니다만 이런 서류로는 100% 탈락입니다. 이 사람은 글로 횡설수설한 것이나 마찬가지이기 때문이죠.

서류전형을 통과했다면 다음 단계는 면접입니다. 면접에 합격하는 사람은 어떤 사람일까요? 직무적합도가 높은 사람? 학력이나 이력이 화려한 사람? 물론 이런 것들도 지원자를 판단하는 기준이 되긴 합니다만, 결정적으로 합격을 판가름하는 것은 '면접 현장에서 얼마나 말을 잘하는가'입니다. 여기서 말을 잘한다는 것은 좋은 이력서와 자기소개서처럼 중요한 것이 무엇인지 알고, 상대방이 무엇을 원하는지 알며, 그래서 무엇을 먼저 말하고 무엇을 나중에 말해야 하는지 아는 것입니다. 아무리 실력이 뛰어나도 면접장에서 횡설수설하며 핵심을 놓치는 사람은 합격할 수 없습니다.

그렇다면 어떻게 해야 말 잘하는 사람이 될 수 있을까요? 아니, 그 전에 어떤 사람이 말 잘하는 사람일까요? 제가 생각하는 말 잘하는 사람의 조건은 딱 두 가지입니다.

첫째, 생각을 구조화하여 심플하게 말합니다. 저는 이를 '심플라이징Simplizing, Simplify+Organizing'이라고 표현합니다. 비즈니스 대화를 할 때는 사실과 사실이 아닌 것, 중요한 것과 그렇지 않은 것, 급한 것과 급하지 않은 것 등을 명확히 구분하고 심플하게 구조화해야 합니다. 그렇지 않으면 말의 견고성이 떨어져 대화의 중심이 흩어져버립니다. 우리가 자꾸 횡설수설하는 이유가 바로 이것이죠.

둘째, 상대로 하여금 진정성을 느끼게 합니다. 개인적으로 '반기꾼(사기꾼과 아닌 것의 경계선상에 있는 사람)' 유형의 사람들을 정말 싫어합니다. 그들의 말은 늘 논리적이고 그럴듯하지만 이상하게 진정성이 느껴지지 않습니다. 이때도 비언어적 표현이 중요한 역할을 합니다. 멋진 말을 늘어놓지만 표정이나 제스처, 눈빛 등이 묘하게 불편하다면 그 사람의 말을 있는 그대로 받아들이기 어려울 겁니다. 여러분 주변에도 이런 사람이 간혹 있지 않나요? 그 사람과 대화할 때 느낌이 어땠나요? 분명 맞는 말인데 기분이 조금 상하는 것 같고 어쩐지 속은 듯한 느낌이 들었을 것입니다. 진짜 말을 잘하는 사람은 한 마디를 해도 진심을 담습니다. 그리고 그 진심을 눈빛에도, 표정에도, 손짓에도 담으려 노력합니다. 그런 사람과 대화를 나누면 저절로 그 사람 쪽으로 몸이 기울고 어떤 이야기를 할지 집중해서 듣게 되죠.

팀장이 되면 나의 말 역량을 다시 점검하고 재무장할 필요가 있습니다. 팀장은 말과 글로써 사람들을 이끌어야 하니까요. 그런 점에서 심플라이징과 진정성은 팀장의 역할을 성공적으로 해내는 데 큰 힘이 되어줄 겁니다. 이 두 가지 역량에 대해 조금 더 자세히 알아봅시다.

심플라이징

말이 견고해지려면 크게 '정보(팩트) → 결론(결과/처리) → 이유'의 삼단 구조로 심플하게 구사하는 것이 좋습니다. 마지막에 '개선 방안(미래)'을 더해 사단 구조로 구성하면 더 좋고요. 이것이 비즈니스 대화의 기본 구조입니다. 상황에 따라 달라질 수도 있겠지만, 대부분은 이 구조에서 크게 벗어나지 않습니다. 다음 예를 통해 심플라이징을 할 줄 아는 팀장과 그렇지 않은 팀장과의 차이를 살펴보기 바랍니다.

A 팀장

"어제 천안공장 3플랜트 현장에서 인부들이 불을 피우고 있었는데, 불쏘시개를 가지고 있던 한 사람이 다른 곳에도 불을 붙이려던 중에 천장의 스티로폼에 불티가 튄 것 같습니다. 불이 옮겨붙은 줄 모르고 모두 저녁 식사를 하러 갔고 그사이에 불이 크게 번진 것 같습니다. 늦었지만 화재 신고가 됐고 이후 3시간 만에 진화가 됐습니다. 피해액은 ○○○만 원으로 추산되며 인명 피해는 다행히 없었습니다. 현재 각 부서 팀장들과 책임 소재 확인과 재발 방지를 위한 회의를 하고 있습니다. 추가 보고를 드리겠습니다."

어떤가요? A 팀장은 사건 발생 시점을 중심으로 보고한 듯 보입니다. 여러분이 대표이사라고 생각해봅시다. 과연 이 말을 중간에 끊지 않고 끝까지 다 들을까요? 대표이사는 화재 발생 정보와 결과 및 처리, 그리고 사건의 원인, 재발 방지 방안 등의 순서로 정보를 듣길 원하지 않았을까요?

B 팀장

"어제 저녁 6시경 천안공장 3플랜트 현장에서 화재가 발생했습니다. 불이 △△ 구역으로 번져 해당 구역까지 전소됐지만 다행히 인명 피해는 없었습니다(정보/팩트). 불은 3시간 만에 완전히 진화됐으며, 피해액은 약 ○○○만 원으로 추산됩니다(결과/처리). 현장 인부들이 피운 불이 화재의 원인인 것으로 추측됩니다(이유). 책임 소재 확인과 재발 방지를 위한 부서 간 회의가 진행 중이고, 끝나는 대로 바로 추가 보고를 드리겠습니다(미래/개선 방안).

B 팀장의 말은 어떻습니까? 사건의 경위부터 설명한 A 팀 장과 비교하면 그 차이가 확실히 드러납니다. 팩트와 결과 및 처리 상황, 원인과 향후 방안까지 간단명료하면서도 짜임새 있게 전달했죠.

이처럼 비즈니스 대화는 간결하되 중요도와 순서 등에 따라 구조화되어야 합니다. 모든 상황에서 모든 대화가 동일한 방식으로 이루어져야 한다는 것은 당연히 아닙니다. 상황에 따라 유연한 대처가 필요하겠지만, 적어도 상대방이 알고 싶어하는 중요 내용을 다른 것보다 먼저, 정확하게 전달함으로써 궁금증을 해소해준다면 그 후의 대화도 보다 매끄럽게 흘러갈 겁니다.

의외로 경력이 많음에도 회의나 보고, 대화를 할 때 말의 길을 잃어버리는 팀장들이 많습니다. 흔히 말이 꼬인다고 하죠. 이를 원천 차단할 수 있는 방법이 구조화와 심플화, 즉 심플라이징입니다.

진정성

영화 〈범죄와의 전쟁〉에 '반달'이라는 단어가 나옵니다. 저는 이 말이 참 기발한 표현이라고 생각했습니다. 반달은 완전히 건달도 아니고 그렇다고 일반인도 아닌, 그 중간선을 아슬아슬하게 타는 사람이라는 뜻입니다(반은 건달이고 반은 아닌 사람).

저도 이와 비슷한 의미의 말을 만들어보았습니다. 그것은 '반기꾼'인데요, 사기꾼과 일반인의 경계에 있는 사람을 가리킵니다. 반기꾼의 말 중 일부는 진실, 일부는 거짓입니다. 살다 보면 이런 사람들을 가끔 만나게 됩니다. 저도 조직의 안팎에서 반기꾼들을 제법 많이 봤습니다. 그리고 사람들은 대놓고 명백한 사기꾼들보다 이 애매한 반기꾼들에게 더 잘 속아 넘어갑니다. 제가 본 반기꾼들은 대체로 엄청난 화술, 사람을 끄는 매력,

넘치는 자신감, 지적이고 도덕적인 말, 멋진 패션 등을 갖추고 있었습니다. 어쩌면 대표이사나 경영진의 눈에 쏙 들 법한 사람들이죠. 하지만 이들은 그렇게 얻은 신뢰를 이용해 부정을 저지르거나 회사를 자신의 이익을 얻는 데 동원하고는 했습니다.

그렇다면 이와 달리 진정성이 있는 말에는 어떤 특징이 있을까요? 우선, 조금 투박하더라도 진심이 보입니다. 그래서 알 수 없는 힘을 지니고 있죠. 진정성 있는 사람들은 무엇을 말하든 그 진의를 숨기거나 꾸미려 하지 않습니다. 저는 오랜 시간 조직과 인사 업무를 담당해오면서 진정성을 가진 리더들의 특징이 무엇인지 연구해볼 기회가 있었습니다. 이들의 가장 큰 공통점은 다름 아닌 단단한 자존감이었습니다. 건강하고 탄탄한 자존감을 갖춘 사람들은 본인에게 불리할 수 있는 일이라도 감추지 않습니다. 순간을 모면하기 위해 거짓말을 하기보다는 정직한 대처로 회사와 자신의 관계에 믿음을 더해가는 쪽을 택하죠. 제가 그동안 봐온 자존감 높고 진정성 있는 리더들의 특징들을 정리해보자면 다음과 같습니다.

- 그럴싸한 남의 생각이 아닌 조금 부족할지라도 '내 생각'을 말한다.
- 무조건 '예스'라고 답하지 않는다(매사에 신중하며 지키지 못할 약속은 하지 않는다).

- 섣불리 자신이 최고라고 하지 않는다(세상엔 고수가 많다는 것을 안다).
- 자신의 말이 무조건 정답이라고 하지 않는다(다른 가능성을 항상 열어놓는다).
- '때문에'보다 '덕분에'를 더 많이 사용한다.
- 최소한 거짓말은 하지 않으려고 노력한다.
- 과장하지 않는다.
- 자신의 말에 반드시 책임을 진다.
- 누구에게나 언행이 정중하고 예의바르다.
- 자신의 말이나 행동이 잘못됐다면 사과할 줄 안다.
- '내로남불(내가 하면 로맨스, 남이 하면 불륜)'을 하지 않는다.
- 스스로를 돌아보며 성찰한다.

사실 진정성은 특정한 프레임이나 정의로 완전히 설명할 수 있는 개념이 아닌 것 같습니다. 진심을 추구하고자 하는 의지와 노력, 그 자체가 진정성이니까요. 이와 관련해 생각나는 성경 구절이 하나 있습니다.

내가 예언하는 능력이 있어 모든 비밀과 모든 지식을 알고, 또 산을 옮길 수 있는 모든 믿음이 있을지라도, 사랑이 없으면 내가 아무것도 아니요.

―《고린도전서》13장 2절

이 말을 한 사도 바오로는 사랑, 즉 본질을 잊은 사람들을 많이 봐왔던 것 같습니다. 사랑이 없으면 아무것도 아니라는 건, 다시 말해 진짜가 아니라면 소용이 없다는 것이죠.

우수한 언변과 뛰어난 문장력, 물론 팀장에게 필요한 자질입니다. 하지만 결국 사람을 정말로 움직이게 만드는 결정적인 힘은 다름 아닌 진정성이 아닐까요? 상대방을 향한 마음이 진짜라면 굳이 티를 내려 노력하지 않아도 여러분의 진정성은 자연스레 전해질 겁니다.

'잘 말하기'로
능력을 입증하라

이번에는 일하면서 조심해야 할 몇 가지 주의사항에 대해 이 야기해보려 합니다. 팀장이 되면 경영진과 커뮤니케이션할 일 이 많아집니다. 임원진 회의에 참석해 실적 보고를 하고, 타 부 서 임원들과 소통할 일도 생기죠. 때로는 동료 팀장들과 논쟁 을 벌이기도 합니다. 그야말로 커뮤니케이션의 홍수 속에 살아 갑니다. 그래서 팀장의 말하기는 아무리 강조해도 지나치지 않 습니다.

그렇다면 대표이사나 임원들이 가장 싫어하는 말은 무엇 일까요? 틀에 박힌 말, 모호한 말, 상대에게 미루거나 떠넘기는 말, 무례한 말 등 리더답지 않은 표현들입니다. 우리는 자신도 모르게 부정적이고 모호한 표현들을 쓰곤 합니다. 어쩌면 이미 입버릇처럼 배어버려 크게 신경 쓰지 않으면 저절로 입에서 튀어나올지도 모르죠. 하지만 공식적이고 중요한 자리에서도 그렇게 말한다면 결코 유능한 리더로 보이지 않을 겁니다. 리더답지 않은 표현들로 구체적으로 어떤 것들이 있는지 지금부터 한번 살펴보겠습니다. 다음의 내용을 읽으며 평소 이런 표현을 자주 사용하고 있지 않은지 스스로 점검해보세요.

보고 "나 일 안 했습니다"라고 인정하는 표현

- ○○○(이)라고 보입니다만…….
- 영향이 있었던 것으로 추측됩니다만…….
- 없진 않다고 생각됩니다만…….
- 아니라고 말할 수는 없습니다만…….
- 아직 분석 중이라 세부 사항은 별도로 보고하겠습니다.
- 추후 다시 말씀드리겠습니다.

누가 들어도 애매하기 그지없을 말들입니다. 자신 없어 보이기도 하고요. 했다는 건지 안 했다는 건지, 맞다는 건지 아니라는 건지, 고민했다는 건지 대강 훑어봤다는 건지 도무지 알 수가 없습니다. 이런 표현은 왜 쓰는 걸까요? 이유는 간단합니다. 해야 할 일을 제대로 마치지 못했고, 검토할 일을 충분히 살피지 못했기 때문입니다. 그것이 팩트죠. 빈틈없이 꼼꼼하고 깔끔하게 일을 마쳤다면 이렇게 말할 일이 없습니다. 특히 '보인다', '추측된다', '생각된다' 같은 말들은 사실관계를 명확히 파악하지 못했음을 스스로 인정하는 표현이니 일을 제대로 안 했다는 걸 자백(?)하는 셈입니다.

여러분의 팀원들이 이런 식으로 보고를 한다고 가정해봅시다. 팀장인 여러분의 머릿속에는 즉시 '이 친구, 일을 안 했군' 하는 생각이 스칠 겁니다. 경영진도 똑같습니다. 여러분의 눈에 보이는 것이 경영진의 눈에 안 보일 리 없죠. 그러니 설령 맡은 일의 결과가 좋지 않더라도 솔직하고 정확하게 보고하는 것이 좋습니다. 대충 뭉뚱그려서 자신의 핸디캡을 가리려 한들 자신의 이미지만 망가질 뿐입니다. 그런 속내까지 상대는 다 꿰뚫고 있기 때문입니다. 차라리 모르면 "모른다", 못했다면 "못했다", 부족했다면 "부족했다" 하고 정직하게 밝히는 것이 낫습니다. 당장 질책을 받더라도 이후 부족한 것을 보완하여 더 잘하는 것이 본인과 팀을 위해, 나아가 회사를 위해 더 좋은 방법입니다.

업무 협조 "일하고 싶지 않다"라고 말하는 표현

업무분장과 성과, 책임이 명확히 구분된 조직이라도 일을 하다 보면 내 일 네 일 없이 진행되는 경우가 더러 있습니다. 기계가 자르듯 모든 일을 정확하게 갈라서 나눌 수는 없는 노릇이니까요. 사람이 하는 일이다 보니 종종 겹치기도 합니다. 특히 중견·중소기업 중에는 업무분장이 명확하지 않은 곳이 꽤 있습니다. 이럴 때는 함께 협의하여 규칙을 만들어가자는 열린 마음도 필요합니다. 하지만 혼동되는 상황이 생길 때마다 구체적으로 검토할 생각도 없이 매번 상대방에게 책임을 떠넘기는 사람들도 있습니다.

- ○○해주세요.
- 알려주세요.
- 가이드를 주세요.
- 요청합니다.
- 전달 바랍니다.
- 저희 소관이 아닙니다만…….
- 저희는 모릅니다.

애매하고 어려운 상황에 처했을 때마다 이런 말들을 듣고 있자면 도대체 그쪽 부서는 뭘 할 수 있는 부서인지 궁금해집니다. 즉, 네 일인지 내 일인지 잘 알아보지 않고 무조건 다른 팀에게 일을 미루고 보는 겁니다. 심지어는 업무분장이 명확한 일이라 자신이 맡는 것으로 합의가 됐음에도 이런저런 핑계와 함께 다른 사람에게 부탁하는 경우도 있죠. 그런가 하면 협조

요청을 받아 일을 하다 보니 포장지만 협조일 뿐 대부분의 일은 내가 도맡아야 할 때도 있습니다. 서로 다른 부서가 함께 일할 때는 그 일의 오너십이 누구 혹은 어느 팀에 있고 협조할 영역은 어디까지인지를 구체적이고 확실하게 설정하고 시작하는 것이 맞습니다.

앞뒤 살피지 않고 우선 떠넘기고, 거부하고, 미루는 팀장의 모습은 "나는 앞으로 일 안 할 테니까 알아서들 도와주세요" 또는 "어려운 일은 토스합니다"라고 말하는 것과 다르지 않습니다. 때로는 협력이 잘 되지 않을 때도 있을 겁니다. 왠지 덤터기를 쓰는 듯한 기분이 들 때도 있을 거고요. 그럴 때는 각 팀의 팀장들끼리 다시 협의하면 됩니다. 무조건 내 일, 우리 팀의 일을 줄이기에 급급한 것보다, 명확한 업무 구분을 기반으로 맡아야 할 일은 확실하게 책임지고 때에 따라 유연하게 대응하는 것이 현명한 팀장의 자세입니다.

다툼과 논쟁 "나는 무례한 사람입니다"라는 표현

임원이나 대표이사 앞에서 타 부서 팀장들과 논쟁할 때가 있습니다. "내가 맞다", "아니다, 내가 맞다" 하며 시시비비를 가리는 싸움이죠. 감정이 격해질 때도 있습니다. 팀장이 되면 이런 일을 생각보다 많이 겪게 되는데요, 솔직히 말해 일단 논쟁이 벌어졌다면 이기는 게 좋긴 합니다. 하지만 더 중요한 것은 싸우는 방법과 태도입니다. 자칫하면 승패와 관계없이 내가 매우 무례한 사람으로 각인될 수 있으니까요. 회사에서 다툼이 생겼을 때 가장 좋지 않은 태도로는 다음의 네 가지가 있습니다.

- 은근히 상대방의 인격을 깎아내리기
- 상대방의 실수를 계속 지적하기
- 화내기
- 논점에서 벗어난 화제 꺼내기(평소 느꼈던 상대의 부정적 모습 등)

특히 논점에서 벗어나는 것은 스스로를 아마추어로 만드는 일이나 다름없습니다. 달에 대해 이야기하자고 해놓고 달은 보지 않고 엉뚱한 손가락만 쳐다보는 거죠. 달을 보기로 했으면 달을 보는 것이 프로입니다.

다양한 사람이 모인 이상, 직장에서도 다툼과 논쟁은 일어날 수밖에 없고 때로는 필요하기도 합니다. 그렇지만 싸울 때 싸우더라도 경우 없는 사람이 되어서는 안 되겠죠. 그러기 위해서는 나도 조금 양보하고 상대도 조금 양보할 수 있는 새로운 지대를 찾아 새로운 제안을 해야 합니다. 이를테면 다툼을 촉발한 쟁점이 왜 생긴 것인지 생각하고 그보다 상위의 원인을 바로잡는 데 집중하는 겁니다. 그러면 서로에게 나쁘지 않은 해결점이 떠오를 수도 있습니다. 싸움에서 이기는 사람은 목소리 큰 사람이 아니라 더 넓은 범위에서 문제를 바라보며 새로운 제안을 건네는 사람입니다. 다른 제안을 꺼낸다는 건 갈등을 주도적으로 해결한다는 의미이기 때문입니다. 감정에 치우쳐 언성부터 높이는 리더보다 시야를 넓힐 줄 아는 리더가 더 능력 있어 보이는 것은 당연합니다. 사내에 나에 대한 좋은 평판이 쌓이는 것은 덤이고요.

　말을 잘하는 것만큼 '잘 말하는 것'도 리더에게 중요한 역량입니다. 여기서 잘 말하기에는 논리적이고 효과적으로 말하는 것뿐 아니라 부정적인 표현을 줄이고 불필요한 말을 하지 않는 것도 포함됩니다. 보고할 때, 협업할 때, 논쟁할 때 자신이 어떤 말을 했는지 돌아보는 시간을 가져보세요. 이젠 화력話力이 곧 생존력이니까요.

Lesson 4

글쓰기는
당신의 힘이다

한 조직을 운영하는 사람이 가진 생각의 수준은 그 부서의 성
과 수준을 좌지우지합니다. 그래서 팀장의 사고력이 중요하죠.
조직의 비전을 어떻게 만들어갈지, 어떤 방향으로 나아갈지, 그
이유는 무엇인지 등 팀장으로서 생각해야 하는 것들은 끝도 없
습니다. 그 많은 것들을 어떻게 정리하고 발전시키는 게 잘하는
것인지 고민하느라 팀장의 머릿속은 항상 복잡합니다.

　　저는 마음이 복잡하거나 힘든 일이 있을 때 주로 산책을 하
고 글을 씁니다. 누구나 살다 보면 답답한 순간이 찾아오고 상
처받을 일도 생깁니다. 하지만 이를 다른 이에게 말할 수 없는

경우가 허다합니다. 이럴 때 갇힌 마음을 해방시켜주기 위해 글을 쓰는 겁니다. 저는 그렇게 하소연하듯 글을 쓰기 시작했고, 점차 탄력이 붙었습니다. 그래서 글을 쓰는 범위를 일상에서 회사로 확대해봤습니다. 글을 쓰려고 하자 조직과 그 안의 사람들을 예전보다 더 열심히 관찰하게 되더군요. 스스로에 대한 생각도 많이 하게 됐고요. 내가 속한 조직에서 일어나는 각종 문제들과 이에 대응하는 리더들의 모습, 그것을 함께 겪어내는 구성원들의 모습에 관해 생각하고 또 생각해봤습니다. 그리고 그에 대한 제 견해를 하나둘씩 꺼내어 글로 적었습니다.

문제 상황에 대한 사실 확인, 그에 관한 개인적 견해, 그리고 해법의 모색까지. 앞서 논쟁이 벌어졌을 때 시야를 넓혀 새로운 제안을 해야 한다고 했는데, 저는 글로써 '셀프 제안'을 한 셈입니다. 그 글의 내용이 맞고 틀리고는 중요하지 않습니다. 자신의 생각을 확장할 수 있느냐 없느냐가 중요하죠. 이런 시간이 쌓이고 쌓이다 보니 저는 조직에서 일어나는 어떤 일에 대해서도 스스로 진단할 수 있었고, 기회가 왔을 때 저만의 견해를 자신 있게 이야기할 수 있게 됐습니다.

이 과정이 무엇보다 가치 있었던 것은 제 사고력이 성장한 동시에, 그 결과가 직장 생활 곳곳에서 드러났기 때문입니다. 팀원과의 대화든 경영진과의 대화든 두렵지 않았습니다. 본질에 다가가는 질문과 답변을 하게 됐고, 갈등이 생기면 새로운 길을 찾을 수 있었습니다. 글쓰기는 팀장으로서, 리더로서 저의 성장에 엄청난 디딤돌이 되어주었습니다.

사실 직장인들이 가장 어려워하는 게 있다면 그것은 아마도 글쓰기일 것입니다. 하지만 아이러니하게도 직장인들에게 가장 필요한 것도 다름 아닌 글쓰기죠. 왜 그럴까요? 쓸 줄 모르면 기획도 할 수 없고, 기획이 안 되면 상사를 설득할 수 없고, 상사를 설득할 수 없으면 조직에서 내가 할 일이 없어지기 때문입니다. 악순환이 반복되는 셈이죠.

저는 기업을 대상으로 성과 관리나 리더십 강의를 진행하고, 팀장들의 역량 강화를 위한 교육 프로그램을 설계하는 일을 합니다. 그러다 가끔은 '그때 그 강의가 정말 조직에 도움이 됐을까?' 하는 생각이 들기도 합니다. 강의 내용은 시간이 지나면 기억에서 흐려질 수밖에 없으니까요. 그래서 기업에서는 일정 시간이 지나면 다시 강사를 불러 직원들을 교육합니다. 좀 더 장기적인 계획이 있는 조직이라면 조직개발 퍼실리테이션 Facilitation*이나 팀장 코칭을 하기도 합니다. 이런 시도들이 나쁘다는 것은 아닙니다. 그 효과가 크든 작든 의미는 있습니다.

───
* 퍼실리테이션이란 그룹의 구성원들이 문제 해결을 위해 각자의 생각과 의견을 촉진하여 모으고, 논의를 거쳐 가장 좋은 것을 선택하는 조직개발 기법을 말한다.

다만 저는 팀장이 성장할 수 있는 궁극적인 길은 스스로 사고력을 키우는 것 외에는 없다고 생각합니다. 그 방법으로 가장 좋은 것이 내 생각을 글로 표현해보는 겁니다. 글쓰기를 어떻게 시작해야 할지 감이 잡히지 않는다면 독후감을 써보기를 권합니다. 책을 읽고 요약하고, 그 과정에서 들었던 생각과 감정을 정리하는 것은 제가 실천했던 '셀프 제안'과 크게 다르지 않거든요. 대상이 조직이 아닌 책이라는 점만 다를 뿐이죠. 꾸준히 해나간다면 그 어떤 리더십 교육보다 효과적인 훈련임을 스스로 깨닫는 날이 옵니다.

생각은 글쓰기로 정리됩니다. 글로 정리된 생각은 말로 나오고요. 그리고 말은 다시 에너지로 전환되어 행동을 이끌어냅니다. 행동은 결과를 만들죠. 결국 글쓰기는 좋은 결과를 이뤄내는 힘입니다.

당신은 어떤 길을 보고 있습니까?

언젠가 한 후배가 저를 찾아와 고민을 털어놓았습니다. 정확히는 자신의 문제는 아니고 새로 이직해 온 팀장의 문제였는데, 그는 대표이사와의 관계에서 고전을 면치 못했습니다. 대표이사에게 보고를 하거나 대표이사가 참석한 회의에 다녀올 때면 팀장의 안색이 무척이나 어두웠습니다. 소위 말해 깨졌기 때문이죠. 후배는 그런 팀장의 모습이 안쓰럽고 그를 돕지 못하는 자신이 답답했던 모양이었습니다.

그러다 대표이사와의 회의에 팀장과 함께 참석할 기회가 있었답니다. 그리고 후배는 팀장이 회의 내내 대표이사의 생각을 전혀 따라가지 못하고 있음을 알게 됐죠. 대표가 어떤 생각을 하는지, 무엇을 원하는지, 그가 그리는 큰 그림은 무엇인지 도무지 이해하지 못하고 있었던 겁니다. 더 정확히 말하자면 이해하고 싶지 않은 사람의 표정이었다고 합니다.

팀장은 인사 컨설팅 회사 출신이었고 대기업 인사기획 경력도 가지고 있었습니다. 커리어만 보자면 더없이 우수했고 실제로 머리가 좋은 사람이었습니다. 그런데 이상하게도 대표이사실에만 들어가면 늘 대화가 핵심을 짚지 못하고 겉돌았던 거죠. 대표가 원하는 것과 완전히 다른 방향으로 보고하기 일쑤였고, 보고서도 지나치게 복잡하고 전문용어가 많았습니다.

왜 그랬을까요? 조금 더 자세한 이야기를 들어보니 그 이유를 알 것 같았습니다. 팀장의 보고가 어렵고 복잡해서 대표이사가 이해하지 못한 것이 아니라 팀장이 방향을 잘못 잡았던 것입니다. 후배가 전한 이야기에 따르면, 대표는 조직 문화 진단과 개발 방안에 대해 인사팀장의 가공되지 않은 날것의 생각을 듣고 싶었던 것 같았습니다. 솔직하고 가감없이 말이죠. 그리고 허심탄회한 대화를 나누길 기대했을 겁니다. 하지만 팀장은 본인의 스타일대로 제3자의 입장(이를테면 인사 컨설턴트 같은)을 고수하며 이론과 데이터 위주로 접근한 거고요. 컨설턴트 출신이니 이해할 수야 있지만, 그래도 소속을 옮긴 이상 그는 모드를 빠르게 전환해야 했습니다.

'전문가란 무엇인가'에 대해 다시 생각해보게 하는 대목입니다. 저는 전문가란 '나만의 솔루션을 가지고 있으나 고객이 무엇을 원하는가에 따라 그것을 최적화시킬 수 있는 사람'이라고 생각합니다. 본래의 내 것이 워낙 탄탄해서 어떠한 상황이와도 변형할 수 있고, 또 변형하더라도 본질은 변하지 않기 때문에 거리낌없이 최적화할 수 있는 거죠.

그 팀장과 대표는 '바라보는 길'이 달랐던 게 아닐까요? 대표는 회사가 가야 할 길을 가공되지 않은 시선에서 근본적으로 고민하고자 했고, 이제 갓 이직한 팀장은 지식과 경험을 동원해 내 역량을 보여주는 것을 우선시했던 겁니다. 그렇게 후배와 이야기를 마친 뒤, 만약 팀장이 그 차이를 깨닫지 못한다면 대표와 계속 일하기는 어려울 것 같다는 생각이 들었습니다. 팀장으로서 인정받기 위해서는 지식과 경험, 능력을 갖춘 모습을 강조하는 것도 중요하지만, 멀리 본다면 그 회사의 대표와 같은 곳을 바라보는 것이 더 중요하니까요. 적어도 대표의 관점을 이해하고 있기는 해야 하죠. 나와 함께할 사람, 심지어 리더 직책을 맡은 사람이 나와 다른 길을 보고 있다면 누구라도 같이 걷고 싶지 않을 겁니다.

아니나 다를까, 얼마 지나지 않아 그 팀장이 회사를 떠났다는 소식을 들었습니다. 당연히 본인에게 더 잘 맞는 회사를 찾아갔겠지만, 저는 그가 기술자functionalist가 아닌 전문가specialist가

됐으면 어땠을까 하는 생각도 해봅니다. 자신이 분석한 좋은 솔루션을 그 조직에 장착하려고 했던 것도 유의미한 시도였으나, 그보다 앞서 대표를 비롯해 동료들의 말을 더 충분히 듣고 서로 알아가는 과정이 있었으면 더 좋았겠다는 아쉬움이 남습니다.

대표는 뭘 원하는가? 어디로 가고자 하는가? 그럼 나는 어디를 봐야 하는가? 직원들은 회사가 가고자 하는 방향을 알고 있을까? 대표가 가고자 하는 길을 알기 위해 우리는 이런 생각과 질문들을 계속해서 던져야 합니다. 그게 바로 우리가 입사하고 나서부터 귀에 못이 박힐 만큼 들어왔던 조직의 비전과 미션이죠. 주변을 한번 둘러보세요. 대표와 사이가 좋지 않거나 잘 맞지 않는 팀장은 우선 대화가 잘 안 되는 사람들입니다. 대화가 잘 안 된다는 것은 둘 사이에 비전과 미션이 공유되지 못했거나 이해되지 못했다는 것을 의미합니다.

대표의 생각을 따라간다는 것은 좀처럼 쉬운 일이 아니긴 합니다. 대표는 더 넓고 깊게 보는 사람이니까요. 또 직원에게 자신의 진짜 속마음을 보여주지 않을 수도 있습니다. 하지만 사고의 폭을 넓히는 것이 곧 힘이라는 말처럼, 지속해서 내 업의 본질과 내가 속한 회사의 비즈니스에 대하여 진지하게 생각하다 보면 어느새 대표의 생각과 점점 가까워짐을 느끼게 될 거예요. 때로는 이 회사가 내 회사인 것처럼, 이 비즈니스가 내 비즈니스인 것처럼 여겨질 때도 있을 겁니다. 그것이 경쟁사와 싸워서 이기기 위한 것이든, 내 성과를 올리기 위한 것이든 그렇게 생각을 거듭함으로써 본질 속을 파고들어가게 됩니다. 대표이사가 생각하는 방식처럼요.

이와 관련해 제게 큰 교훈을 주었던 이야기가 하나 있습니다. 사막을 건너다 길을 잃은 한 남자가 있었습니다. 사방을 둘러봐도 끝없이 펼쳐진 모래뿐인 사막에서 아무리 궁리를 해도 어디로 가야 할지 방향을 잡을 수가 없었습니다. 그는 덜컥 겁이 나기 시작했습니다. 사막은 낮에는 기온이 40도가 넘을 만큼 뜨겁지만 밤이면 영하로 뚝 떨어지고 마니까요. 그러나 마음만 앞섰을 뿐 한 치도 앞으로 나아갈 수 없었습니다. 그렇게 헤매던 그의 눈에 사람의 발자국이 보였습니다. '아, 이 발자국을 따라가면 마을이 나오겠구나!' 그는 발자국을 따라가기 시작했습니다.

그런데 한참을 걸어도 마을은 나오지 않았습니다. 몹시 당황해서 어쩔 줄 모르던 남자는 또 발자국을 발견했습니다. 이번에는 두 줄로 난 것을 보니 2명이 함께 걸어간 모양이었습니다. 희망을 찾은 남자는 그 발자국을 따라 걸었습니다. 그러나 마을은 나오지 않았습니다. 그러다 다시 세 줄로 난 발자국을 발견했습니다. 드디어 살았다 싶어 기운을 내 그 발자국을 따라갔지만 여전히 마을을 찾지 못했죠. 얼마간의 시간이 또 흘러 네 줄의 발자국을 보았고, 그 길을 따라갔지만 역시 마을은 나오지 않았습니다. 그렇게 해가 질 무렵이 되자 그는 마을을 찾는 것을 포기했습니다. 그렇다면 도대체 그 발자국은 누구의 발자국이었을까요? 남자가 신기루라도 본 걸까요?

그것은 바로 그 남자의 발자국이었습니다. 그는 자신이 일직선으로 나아가고 있다고 생각했지만 실은 한쪽으로 조금씩 조금씩 치우쳐 걸었던 겁니다. 그래서 결국 커다란 원을 그리며 제자리를 빙빙 돌게 된 것이죠. 사막을 건너려면 기준이 필요합니다. 낮에는 나침반을, 밤에는 북극성을 보며 나아가야 하죠. 제 후배 회사의 인사팀장은 그런 나침반이나 북극성 없이 걸었기 때문에 방황했던 게 아닐까요? 대표이사가 가고자 하는 길, 즉 회사가 추구하는 방향을 이해하지 못한 것입니다. 그러니 열심히 애를 써도 중심에 들어오지 못하고 외곽에서 빙빙 돌 수밖에 없었던 거죠.

팀장이 되어 해야 할 첫 번째 판단은 '나는 대표이사와 같은 길을 보는가'입니다. 대표이사가 바라보는 길이 무조건 최고의 답이라고 할 수야 없겠지만, 적어도 그 길이 어디를 향해 있는지 알아야 가는 동안 장애물들은 좀 치우고 위험한 곳은 피해가면서 함께 목적지에 도달할 수 있습니다. 이제 막 팀장이 된 초보 리더들에게 어쩌면 회사 생활이 드넓은 사막처럼 느껴질지도 모르겠습니다. 막막함에 주저앉지 말고 여러분의 나침반과 북극성을 찾아보세요. 그리고 앞으로 성큼성큼 걸어가길 바랍니다.

작은 전조증상을
무시하지 마라

혹시 하인리히의 법칙을 아시나요? 하인리히 법칙은 미국 한 여행 보험사의 관리자였던 허버트 하인리히Herbert W. Heinrich가 만든 법칙입니다. 그는 7만 5,000건의 산업재해를 분석한 결과를 토대로 1931년 《산업재해예방Industrial Accident Prevention》이라는 책을 발간했는데, 이때 '1:29:300'의 법칙을 정립하면서 그의 이름이 세상에 알려지게 됐죠. 큰 재해가 발생했다면 그 전에 같은 원인으로 29번의 작은 재해가 발생했을 것이고, 또 운 좋게 재해는 피했지만 같은 원인으로 다칠 뻔했던 적이 300번 있었을 것이라는 내용입니다.

실제로 우리나라에서 발생했던 1994년 성수대교 붕괴사건, 1995년 삼풍백화점 붕괴사건 등의 큰 재해들만 해도 당시 사건이 일어나기 전에 다리나 건물이 흔들린다는 시민들의 신고가 여러 차례 있었다고 합니다. 관계자들과 공무원들이 이를 계속 무시한 탓에 대형 재해로 이어진 것이죠. 생각해보면 모든 사건·사고에는 전조증상이 있습니다. 다만 우리가 이 미세한 조짐이나 작은 변화에 둔감할 뿐입니다.

하인리히 법칙이 재해나 국가적 재난에만 해당하는 것은 아닙니다. 비즈니스와 조직 내부의 문제에도 적용됩니다. 한 기업이 무너질 때 그 내부를 보면 이미 여러 문제들로 가득합니다. 그 문제들을 별일 아닌 것으로 치부하거나 보고도 못 본 체한 탓에 대충 가려진 채 쌓이고 곪게 되는 거죠. 한때 엄청난 번영을 누리다가 순식간에 추락해버린 몇몇 기업들의 사례들만 봐도 이를 알 수 있습니다.

기업이 위기를 맞는 것은 정말 찰나입니다. 혁신의 상징으로 불렸던 블랙베리와 노키아, 국내에서는 팬택이 그랬죠. 셀럽 효과로 잘나가던 패션기업이 한순간의 실수로 고객을 실망시키고 주저앉는 경우도 있었습니다. 글로벌 항공산업에서 독보적 위치를 차지하고 있던 미국 항공사 보잉도 잦은 항공기 사고로 이미지가 빠르게 나빠져 현재 고전을 면치 못하고 있습니다. 추락하는 것에는 날개가 없습니다. 분명히 날개를 달고 훨훨 날던 기업이었는데, 그들은 왜 추락하고 말았을까요? 그 과정을 찬찬히 들여다보면 반드시 날개가 없어지기 시작하는 전조증상이 있습니다. 그때 당장은 대세에 큰 영향을 주지 않았지만 조금씩 균열을 일으켜 결국에는 조직 전체를 붕괴시키는 그런 것들 말이죠.

다음은 조직 균열의 시발점이 되는 몇 가지 사례들입니다. '우리 조직에는 이런 현상이 없을까?' 하는 마음으로 가볍게 한 번 살펴보세요. 나도 모르게 고개를 끄덕이고 있다면, 여러분의 조직에도 균열이 생겨나기 시작했다는 뜻입니다. 다시 말해 조직 관리 경고등에 불이 들어온 거죠.

- 기술에서 항상 우위에 서 있으리라 여기는 **기술 자만주의**
- 한 번 성공한 사람은 계속 성공하리라 믿는 **승자의 자만**
- 난 경험이 많으니까 내가 생각한 대로 사람들이 움직일 거라는 **설계주의**
- 지금 1등이니 앞으로도 계속 1등을 할 것으로 생각하는 **바보주의**
- 직원들이 알면 혼란이 일어날 것이라 추측하며 많은 것을 숨기기 바쁜 **비밀주의**
- 회사에서 팀장이면 인생에서도 팀장인 줄 아는 **팀장 만능주의**
- 팀장이 팀원보다 인성도 뛰어나다고 생각하는 **팀장 우월주의**

- 원칙이 아닌 규정을 끊임없이 만들어내는 **규제 우선주의**
- 내가 하면 정의, 경쟁자가 하면 불의라는 **'내정경불'주의**
- 나의 오랜 경험만을 맹신하는 **경험 우선주의**
- 잦은 회의로 동료들에게 직장 생활의 회의감을 느끼게 하는 **회의 만능주의**
- 조직이 나 없으면 돌아가지 않는다고 생각하는 **크나큰 오해**
- 조직이 나에게 빚을 지고 있다고 여기는 **피해망상주의**
- 나는 괜찮은데 항상 남이 문제라고 생각하는 **남 탓 문화**
- 문제가 발생하면 문제 해결보다 희생자가 될 범인부터 찾는 **올가미주의**
- 나보다 직급이 낮은 직원의 말과 아이디어는 일단 깔아뭉개고 보는 **깔개 문화**
- 네가 지금 하고 있는 것, 내가 이미 다 해봤으니 까불지 말라는 **올 마이티Almighty주의**
- 방치하면 반드시 전염되는 **상습적인 지각**
- 작은 실수를 방관하는 **'좋은 게 좋은 것' 문화**
- 자신의 무리 밖에 있는 타인을 배척하는 **끼리끼리 문화**

이런 예시들을 더 찾아보자면 끝도 없을 테니 대표적인 것들만 추려봤습니다. 대부분 '○○주의'라고 표현된 이유는 그만큼 이미 많은 조직에 고착화된 생각 또는 행동이기 때문입니다. 평소에는 이것이 심각한 문제라고 생각되지 않습니다. 그냥 조금 불편하고 불만이 생기는 정도죠. 하지만 갑자기 하락세를 타고 있거나 업계에서 자취를 감춘 기업들의 모습을 주의 깊게 관찰해보면 이런 것들이야말로 조직과 기업을 망하게 하는 전조증상임을 알 수 있습니다.

작은 전조증상, 작은 균열에도 예민해져야 합니다. 일상에서 안전 불감증 때문에 많은 사고들이 일어나듯, 조직 내에 일어나는 각종 사건·사고 역시 위기에 둔감해져서 벌어지는 경우가 많습니다. 내가 속한 조직이 건강하고 승률 높은 조직이길 바란다면, 팀장인 여러분의 언행이 균열을 일으키고 있지 않은지 먼저 의심하고 체크해봅시다. 그런 전조증상이 보일 경우 내 팀원들에게서 비슷한 모습이 보이는지 살펴봐야 합니다. 만약 그렇다면 최대한 빨리 개입해 바로잡아야 하죠. 처음엔 무시해도 될 만하다고 여겨질지 모르지만, 조금만 시간이 지나면 그 균열이 점점 번져 알면서도 막을 수 없는 지경에 이를 수도 있습니다.

다행히 아직 전조증상이나 균열이 보이지 않는다면, 앞으로의 문제를 막기 위해 해야 할 일이 있습니다. 바로 팀의 원칙을 만드는 겁니다. 팀장으로서 여러분의 팀에서 반드시 지켜야 한다고 생각하는 원칙을 세우고 팀 내에 공표하세요. 그 원칙에서 벗어나는 직원이 있다면 다른 어떤 실수보다 무거운 질책을 해야 합니다.

앞에서 소개한 네거티브 러닝을 기억하나요? 가장 부정적이고 하지 말아야 할 행동을 하는 사람을 보고 딱 그 반대로 해보는 것. 조직이 위기를 향해 가고 있음을 알려주는 전조증상 20가지를 살펴보고 그 반대로만 하는 겁니다. 그것이 여러분과 여러분의 조직을 지키는 길입니다.

2인자와의 관계를
구축하라

팀장이라면 누구나 느낄 법한 현실적인 고민 하나를 이야기해 볼까 합니다. 조직을 운영하다 보면 어려운 의사결정을 해야 할 일이 많이 생깁니다. 새로운 이슈는 왜 꼭 바쁠 때 몰려오는지, 팀장으로서 일하려면 팀원 시절보다 훨씬 많은 에너지와 자기 관리 능력이 필요하다는 것을 실감하게 되죠. 고민이 길어지거나 판단을 내리기 어려운 때도 있습니다. 이때 팀장은 팀에서 제일 신뢰하는 사람을 의지하게 됩니다. 보통 나이도 직급도 크게 차이 나지 않는, 자신과 비교적 장단이 잘 맞는 후배입니다. 쉽게 말하자면 2인자로, 배트맨의 로빈 같은 존재죠.

저 또한 누군가의 2인자였던 시절이 있었고, 1인자로서 2인자와 함께 어려운 상황을 헤쳐나간 적도 있습니다. 서로 도움이 되는 관계를 만들어간다면 이처럼 좋은 콤비도 없을 것입니다. 회사를 퇴직한 이후에도 좋은 친구로 오랫동안 관계를 이어나갈 가능성도 크고요. 그러나 반대의 경우, 1인자와 2인자 사이에 트러블이 생긴다면 그것이 조직 내의 큰 갈등을 일으킬수도 있습니다. 이와 관련해 제 친구의 에피소드를 소개하려 합니다. 이 일을 겪고 친구는 2인자와의 관계에 대해 많은 생각을하게 됐다고 했습니다.

A 팀장은 직속 부하인 B 차장과 유독 친했습니다. 복잡한 문제가 생기면 늘 B 차장과 상의했고, 그럴 때마다 B 차장의 의견과 역할이 좋은 성과를 내는 데 많은 도움이 됐습니다. 팀장은 고마운 마음에 B 차장에게 항상 잘 대해주었고, 적절한 보상도 잊지 않았습니다. 문제는 시간이 흐를수록 A 팀장이 자신도모르게 B 차장에게 점점 더 의지하게 됐다는 것입니다. 골치 아픈 의사결정이나 팀원 관리까지 B 차장에게 모두 맡겼습니다. 고민할 일이 줄어드니 확실히 회사에 다니기가 편해졌습니다. 하지만 그런 관계가 계속되자 A 팀장이 예상하지 못한 방향으로 상황이 전개됐습니다.

언젠가부터 팀의 주요 보고서가 B 차장의 주도 아래 작성되기 시작했습니다. 임원 보고도 B 차장이 직접 하는 것이 당연시됐죠. 대표이사와 임원들은 위계질서를 지켜야 하고 절차가 있다는 것을 알지만 급할 때면 B 차장을 호출하는 경우가 늘었습니다. 설상가상으로 팀원들까지 B 차장과 함께 일하는 것을 더 선호하는 분위기였습니다. 평소 거의 소통하지 않던 팀장보다는 실질적인 업무를 이끌고 공유하는 차장이 더 편할 수밖에 없으니까요. 이쯤 되자 A 팀장은 자신이 잘못 생각하고 행동했음을 깨닫고 후회했지만, 이미 팀은 B 차장 중심으로 돌아가고 있었습니다. 결국 A 팀장은 옥상옥屋上屋(지붕 위의 지붕이라는 뜻으로, 윗부분에 불필요하게 만든 조직이나 구조를 가리키는 말)이 되어 이직을 선택하게 되고 말았습니다.

물론, B 차장 입장에서는 좀 억울할 수도 있습니다. 본인이 이런 상황을 원하고 의도한 것은 아니었겠죠. 동시에 리더자리가 욕심나는 것 역시 자연스러운 현상이니 이중적인 마음에 심란하기도 했을 겁니다. 그래서 저는 기본적으로 사람을 100% 믿지는 않습니다. 사람을 신뢰하지 않는 게 아니라, 인간은 원래 불안전한 존재라는 의미에서요. 바꿔 말하자면 특정한 사람보다는 상황이 주는 힘을 더 믿는다는 뜻입니다. 함께하는 2인자와 앞으로 어떤 관계를 구축해나갈 것인지는 온전히 리더의 몫입니다. 2인자와 서로 견제해야 하는 숙적이 될지, 아니면 회사 안팎에서 서로의 든든한 지지대가 될지는 여러분이 결정할 수 있죠. 그리고 여러분은 당연히 후자를 원할 겁니다. 그러려면 좋은 관계가 될 수밖에 없는 상황을 만들 줄 알아야 합니다.

저 역시 2인자와의 관계에서 몇 번의 실패를 맛봤습니다. 그 시행착오를 통해 제 행동이 어떻게 바뀌어야 2인자와 긍정적이고 상호 보완적인 관계를 쌓을 수 있는지 깨달았고요. 모든 상황에서 적용될 수 있는 보편적 정답이라고 할 수야 없겠습니다만, 각자의 문제에 답이 보이지 않을 때 길잡이로 삼기에는 충분하다고 생각합니다. 그럼 1인자와 2인자가 윈-윈하려면 어떻게 해야 하는지, 현재와 미래로 나눠 이야기해봅시다.

▶ **팀장과 2인자의 관계**

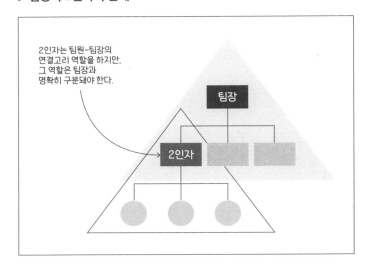

2인자는 팀원-팀장의 연결고리 역할을 하지만, 그 역할은 팀장과 명확히 구분돼야 한다.

팀장

2인자

현재: 역할 구분은 확실하게

현재 2인자와의 관계에 대해 여러분이 가장 중요하게 생각해야 하는 것은 역할의 형성입니다. 역할이 뒤섞이면 관계가 틀어지기 시작합니다. 팀장이 있어야 할 자리에 있지 않아서, 팀장이 해야 하는 일을 하지 않아서 문제가 생기는 거죠. 리더들이 몰락하는 대표적인 이유이기도 합니다. 팀원과 팀장 사이의 연결고리인 2인자는 다른 팀원에 비해 팀장과 밀접하긴 하지만, 그렇다고 해서 팀장이 해야 할 일까지 2인자가 해서는 안 됩니다. 그 구분을 명확히 해주는 것도 팀장의 일이고요. 그러려면 먼저 팀장 자신부터 스스로의 역할을 제대로 이해해야 합니다. 여기서 반드시 팀장이 해야 하는 일이란 무엇일까요?

첫째, 대표나 임원에게 지시받은 업무는 팀장이 직접 수행합니다. 그래야 본인이 직접 보고하고, 제안할 수 있습니다. 보고서나 제안서를 완성하는 데 필요한 자료를 팀원들에게 요청할 수는 있어도 그 업무 전체를 넘겨줘서는 안 됩니다. 간혹 이를 임파워먼트와 혼동하는 경우가 있는데요, 이는 임파워먼트가 아니라 그냥 팀장의 권한과 책임을 떠넘기는 것입니다.

조직의 특성에 따라 팀장이 보고서 작성 등의 실무를 맡기보다 팀원 관리를 중점적으로 할 수도 있습니다. 하지만 최근 대부분의 기업들은 조직의 규모를 줄이고 효율성을 높이는 방식을 택하고 있어, 실무형 팀장을 원하는 곳이 점점 많아지고 있죠. 때문에 팀장도 실무의 감을 놓지 말아야 합니다. 일의 키를 넘기는 것은 본인의 역할을 넘기는 것과 다르지 않다는 사실을 잊지 마세요.

둘째, 외부의 도전에는 팀장이 직접 나섭니다. 직장 생활을 하다 보면 다른 부서, 다른 조직과 충돌이 생길 수 있습니다. 타 부서 팀장이 내 팀원을 질책할 때도 있고, 우리 팀 팀원들과 다른 부서 팀원들 사이에 다툼이 빚어질 때도 있죠. 이럴 경우에 2인자가 아닌 팀장이 나서서 내 팀을 지켜야 합니다. 충돌이 해결되고 안 되고를 떠나 우선 내 팀원의 방패막이 되어주는 것이 중요합니다. 시시비비는 나중에 따져도 됩니다.

실제로 평소에는 팀 내에서 좋은 평을 받지 못하던 팀장이 다른 팀과 문제가 생겼을 때 득달같이 달려가는 것을 보고 그를 대하는 팀원들의 태도가 달라졌다는 이야기를 들은 적이 있습니다. 이것은 부서 이기주의와는 엄연히 다릅니다.

셋째, 화살을 맞아도 팀장이 맞습니다. 그것이 리더의 역할이죠. 책임을 져야 하는 순간, 곤란한 상황을 해결해야 하는 순간에 앞장서야 하는 것은 팀장입니다. 그 어려운 일을 팀원이나 2인자에게 맡겨서는 안 됩니다. 정치인들이 왜 어려운 상황을 맡아 해결하겠다고 앞다투어 발 벗고 나설까요? 리더가 힘든 역경을 겪어낼수록, 조직원들을 이끌고 외부의 문제를 굳건하게 헤쳐나갈수록 그 리더를 중심으로 한 조직의 결속력이 강해지기 때문입니다. 다시 말해 누구나 인정하는 정당한 권력을 부여받는 겁니다. 지금 당장 힘들다고 해서 궂은일을 2인자에게 넘기면 안 되는 이유입니다.

넷째, 아무리 바빠도 팀원과 직접 소통합니다. 팀원과의 업무 소통이나 정서적 소통은 팀장이 직접 해야 결과를 빨리 낼 수 있고 팀과 팀원의 사정을 파악하기 쉬워집니다. 언젠가 제게 "제가 모든 것을 다 알아서 준비할 테니 팀장님은 도장만 찍으시면 됩니다"라고 말하던 팀원이 있었습니다. 언뜻 듣기에는 본인이 참모 역할을 잘하겠다는 말 같죠. 하지만 저는 그 말을 듣자마자 "저는 그런 팀장이 아닙니다"라고 분명히 이야기했습니다.

당시 팀의 규모가 크지 않아 각 팀원들에게 제가 직접 일을 맡기고 보고도 받았습니다. 하지만 그 팀원은 후배들의 업무를 관리하며 자신도 보고를 받고 컨펌을 했습니다. 그러다 보니 팀 전체의 업무 진행 속도가 느려졌고, 저는 이대로 두고 봐서는 안 되겠다고 판단하기에 이르렀습니다. 결국 팀의 업무분장을 다시 하며 팀원들에게 우리 팀의 업무 원칙을 확실하게 설명했습니다. 저는 소위 말하는 '실드Shield 치기', 즉 팀원과의 소통에 2인자가 개입하여 부당한 옹호나 불필요한 변명을 보태는 것을 용납할 수 없었거든요. 그 팀원도 악의를 가지고 한 일은 아니었을 겁니다. 그저 조금 더 중요한 역할을 맡고 싶었던 게 아닐까 추측합니다. 그러나 더 중요한 역할을 맡길지 안 맡길지는 그 팀원의 역량을 보고 팀장이 결정할 문제입니다.

다섯째, 2인자가 전문성을 발휘할 수 있는 역할을 줍니다. 2인자는 다른 팀원들에 비해 경력과 역량이 뛰어날 확률이 높죠. 그런 2인자의 업무 의욕을 끌어올리려면 상대적으로 중요한 역할을 맡기는 것도 필요합니다. 다만 팀장과 함께 그 업무를 설계하거나 팀장이 설계한 범위 내에서 역량을 떨칠 수 있도록 해야 합니다. 큰 그림과 방향성은 팀장의 머릿속에 있어야 하죠. 역할을 줬다고 해서 이제 그 일은 2인자의 일이고 나와는 상관이 없는 것이라 여겨서는 안 됩니다. 그 일의 총책임자는 팀장 본인이라는 사실에 주의하며 2인자도 그것을 인지할 수 있도록 절차와 상황을 설정합시다. 그래야 우수한 팀원에게 동기를 부여하면서 팀의 원칙이 무너지지 않도록 관리할 수 있습니다.

미래: 2인자와 발전적인 관계를 만들어가는 법

그렇다면 2인자를 나에게 가장 많은 도움을 주고 나와 가장 잘 맞는 사람으로, 즉 '내 사람'으로 만들려면 어떻게 해야 할까요? 방법만 안다면 1인자와 2인자의 경계를 무너뜨리지 않으면서 함께 성장할 기회를 얼마든지 찾을 수 있습니다.

첫째, 2인자가 아닌 러닝메이트로 대해주세요. 팀장과 2인자가 좋은 콤비가 되려면 역할은 명확히 구분하되, 개인적으로는 무척 신뢰하고 있다는 것을 보여줘야 합니다. 2인자가 팀의 성과 창출에 핵심적인 역할을 하고 있다는 것도 느낄 수 있게 해야 하고요. 예를 들어 공개적으로 업무 능력에 대한 칭찬을 한다거나, 가끔 특별한 방식으로 고마움을 표현한다거나 하는 거죠. 별거 아닌 일 같아도 이런 작은 일들이 관계의 틈을 메워 더더욱 *끈끈해지도록* 해줍니다.

둘째, 개인의 비전을 공유합니다. 팀장이 팀원 중 가장 많은 대화를 해야 할 사람은 누가 뭐래도 2인자입니다. 나의 가장 가까이에서 가장 많은 도움을 주는 팀원과는 가치관을 공유하는 대화를 더 많이 나눌 필요가 있습니다. 다른 팀원들과 구분하며 편애하라는 이야기가 아닙니다. 그의 직책과 위치에 걸맞는 대화를 하자는 것입니다. 2인자가 바라는 조직 생활의 모습, 앞으로 쌓고 싶은 커리어, 개인적으로 꿈꾸고 있는 미래 등 진솔한 이야기를 주고받아보세요. 서로의 비전을 솔직하게 공유해야 현실 조직에서 무엇을 함께 이룰 수 있을지 알 수 있으니까요.

셋째, 어려운 일을 함께 겪어봅시다. 역할 구분에 대해 이야기하며 팀장이 앞장서서 팀을 향해 쏟아지는 화살을 막는 방패막이 되어야 한다고 했습니다만, 팀장도 사람인지라 가끔은 혼자 감당하기 힘들 때가 있습니다. 이럴 경우에는 2인자에게 도움을 요청하는 것도 좋은 방법입니다. 함께 고난과 역경을 해결해나가다 보면 동지 의식이 형성되니까요.

지금까지의 내용을 한 마디로 정리해보자면 이렇습니다. '역할 구분은 명확히 하고, 팀장으로서 나의 역할을 빼앗기지는 않으면서, 큰 테두리 안에서 함께 공유할 수 있는 부분을 만들고, 동지 의식을 키우자.' 팀장과 2인자가 같이 성장할 수 있는 길의 핵심은 바로 이것입니다. 그 과정에서 형성된 인간적인 유대는 결코 쉽게 사라지지 않습니다. 앞의 사례에서 A 팀장이 어려움을 겪었던 것은 팀장의 역할에 대한 이해가 부족했기 때문이라고 봅니다. 스스로 팀장의 역할이 무엇인지 정의하지 못한 것이죠. 일을 맡긴다는 것, 팀원을 관리한다는 것, 팀의 성과와 나의 성과, 팀원의 성과를 살피는 것, 함께 성장한다는 것, 경영진과의 관계, 팀원과의 관계, 팀장이 나서고 물러서야 할 때 등 팀장으로서 알아야 하고 수행해야 하는 수많은 요소와 상황에 대해 고민하고 정의해보는 시간을 가집시다. 그 생각의 힘이 팀원, 특히 2인자와의 관계를 미래지향적으로 만들 것입니다. 여러분의 곁에 있는 2인자가 이異인자가 될지 아니면 이利인자가 될지는 여러분의 행보에 달렸습니다.

생존하려면
골디락스 존에 머물러라

마지막으로 팀장의 생존에 대해 이야기를 나눠볼까 합니다. 지금까지 소개한 내용은 성공하는 팀장이 되기 위해 취해야 할 적극적 모습이었다면, 이번에는 다소 수비적인 모습이라고 할 수 있겠네요. 생존을 위해서는 공격과 수비, 두 가지 능력을 모두 갖춰야 하니까요. 적극적이고 공격적인 시도가 나를 살릴 때도 있지만, 거꾸로 그것이 나를 벼랑 끝으로 몰아가는 경우도 있습니다. 쉬운 예로 탁구 게임을 한번 떠올려볼까요? 게임에서 점수를 잃는 사람은 대개 어떤 스타일일까요? 애매한 실력임에도 불구하고 매번 있는 힘껏 스매싱을 날리는 사람입니다. 이런 사람들은 실수를 좀 많이 하는 편이죠. 물론 거침없이 시도하는 것 자체도 좋은 경험으로 남을 테지만 중요한 순간에 어이없는 실수가 거듭된다면 무조건적인 공격은 별로 좋은 선택이 아닐 수 있습니다. 이번에 다룰 내용은 그런 실수를 최소화하기 위한 방어 전략입니다.

팀장은 무엇 때문에 위험에 빠질까요? 주로 성과 때문이지만, 진짜 치명적인 순간은 관계에 의해 발생합니다. 그래서 팀장은 업무와 관련된 모든 관계에 임할 때 늘 조심해야 합니다. 팀원들의 불만이 곪아 터지는 순간이 오거나, 경영진과의 관계에 오해가 생기거나, 동료 팀장과의 불화로 나쁜 소문이 퍼지는 등 위험한 상황은 도처에서 벌어질 수 있습니다. 그렇다면 직장에서 좋은 관계를 만들고 유지하기 위한 방법은 없을까요? 당연히 있습니다. 아주 다양한 방법들이 있죠. 관련 도서들도 무척 많고요. 그래서 저는 관계를 좋아지게 만드는 전략보다는 애초에 위험 요소를 차단하고 피하는 법을 알려드리고 싶습니다.

제가 아주 오래전부터 만고의 진리라고 생각하는 말이 있습니다. 바로 '열 가지를 잘하는 것도 좋지만 한 가지 나쁜 것을 하지 않는 것이 더 중요하다'입니다. 열 가지 좋은 것을 할 줄 안다는 사람 치고 그 열 가지를 다 해내는 사람을 본 적이 없고, 딱 하나를 잘못해서 전체를 모두 망쳐버리는 사람들은 꽤 많이 봐왔기 때문이죠. 그렇기 때문에 그 한 가지 나쁜 것, 그러니까 위험이 생길 가능성을 원천적으로 없애는 것도 현명한 선택입니다. 위험이 생길 가능성은 어떻게 없앨 수 있을까요? 간단합니다. 적당한 거리에 머무르면 됩니다. 더 가까이 가지 않고 더 멀어지지도 않는 거죠.

예를 들어봅시다. 모두 알다시피 태양계에서 생명이 존재할 수 있는 행성은 지구가 유일합니다. 태양과 너무 가까우면 그 엄청난 열기에 다 타버리고, 또 너무 멀면 모두 얼어버리죠. 이를 달리 말하면 태양과 너무 가깝지도 너무 멀지도 않은 적정 거리를 유지하는 곳이어야 생명체가 살 수 있다는 이야기입니다. 이를 천체물리학 용어로 '골디락스 존Goldiracks Zone'이라고 합니다. 지구는 이 골디락스 존 안에 있고요.

▶ **태양계의 골디락스 존**

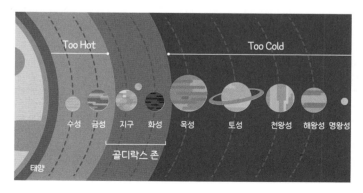

조직에도 골디락스 존이 존재합니다. 팀원과도, 임원이나 대표이사와도 적절한 거리를 유지하고 대하는 것이 오히려 좋은 관계를 유지할 수 있는 비결입니다.

먼저, 팀원과의 거리 유지에 있어 가장 중요한 건 개인적인 영역을 존중하는 것입니다. "그건 당연한 것 아닌가요?"라고 의아해할 분도 있겠지만, 의외로 이를 지키지 않는 리더들이 제법 많습니다. 조직력을 높이겠다는 명목으로 팀원들의 개인 영역에 '훅' 들어가려 하는 거죠. 이것은 예전에도 그랬고, 지금도 그렇고, 앞으로는 더더욱 필요하지 않을 과잉 행동입니다. 단체 행동과 협동심, 결속력 등을 중요하게 여기는 우리나라 정서상 개인보다 집단을 우선시해야 한다는 가치관이 여전히 곳곳에 남아 있긴 합니다. 그러나 시대가 바뀌었고 문화가 바뀌었죠. 사람들의 사고방식이 바뀌었고요.

오늘날 독단적이고 무조건적인 집단의식은 구성원 개개인은 물론 조직의 역량마저 떨어뜨리는 주요 요인이 됩니다. 구성원들의 취향을 무시하는 태도, 나와 다른 의견에 대한 배척, 퇴근 후나 주말에 떨어지는 업무 지시, 사생활을 침범하는 주말 행사 등이 모두 이에 해당합니다. 경영 일선에서는 열려 있고 선진화된 조직 문화를 구축하자고 목소리를 높이고 있는데 정작 현장의 리더들이 이를 방해할 수 있다는 것입니다.

팀장과 팀원 사이가 너무 가까울 때 일어나는 또 다른 문제가 있습니다. 나와 친한 직원, 나아가 '내 사람'이라고까지 생각하기 시작하면 업무를 할 때 이성이 아닌 감정에 치우치기 쉽습니다. 반대로 너무 멀다고 느껴지면 함께 일하면서 공동의 성과를 독려하기가 어렵죠. 두 가지 상황 모두 팀에 악영향을 줄겁니다. 따라서 내 팀이 활기가 넘치길 바란다면, 관계의 골디락스 존에 머물기 위해 노력해야 합니다.

다음은 임원과 대표이사, 즉 팀장의 상사와의 관계를 볼까요? 이 관계에서도 의도적으로 골디락스 존에 머무는 것이 좋습니다. 저는 다양한 조직들을 경험하며 다양한 팀장과 대표이사를 만났습니다. 그리고 둘 사이의 관계가 하루아침에 돌변하는 것도 자주 목격했죠. 변방을 돌던 사람이 돌연 핵심 중의 핵심으로 떠오르는 한편, 사내 권력의 실세가 갑자기 대표에게 외면당하기도 합니다. 그 좋던 관계가 왜 이렇게 순식간에 무너졌을까요? 특별한 이유는 없습니다. 그저 사이가 너무 좋았기 때문입니다. 나와 대표가 무척 가깝다고 생각한 나머지 선을 넘어버린 거죠. 이를테면 평소 묻어두었던 문제를 수면 위로 끌어올렸거나 생각 없이 내뱉은 말로 감정이 상하거나 하는 식으로요.

아무래도 상사에게 말이나 행동을 함부로 하는 경우는 많지 않습니다. 하지만 그랬을 경우의 후폭풍은 어마어마합니다.

심하면 밥줄이 끊길 수도 있으니까요. 따라서 나 자신을 위해 적정 거리를 유지해야 합니다. 이 적정 거리를 잘 모르는 사람들은 갑자기 관계가 틀어지면 그 원인을 자기 자신이나 상대방에게서 찾습니다. 그러나 사람의 마음이라는 것은 애초에 불완전하고 언제든 변할 수 있는 것입니다. 그러니 사람에게서 원인을 찾는 것은 무의미하죠. 그보다는 상황을 믿는 것이 맞습니다. 상사와의 관계가 틀어질 상황 자체를 만들지 않는 거죠. 그런 의미에서 대표 또는 임원과의 관계에서 골디락스 존에 머물기 위한 몇 가지 팁을 정리했습니다.

첫째, 필요 이상으로 사적인 대화는 하지 않는 게 좋습니다. 대표이사의 신뢰를 받고 있다고 생각하면 자연스럽게 더 친해지고 싶다고 생각하게 됩니다. 그래서 식사나 회식 등 개인적인 자리에서 더 두터운 친분을 쌓기 위해 나의 사생활 이야기를 조금씩 하게 되죠. 이때 어느 정도 선을 정해두고, 이를 유의하면서 대화를 해야 합니다. 특히 가정사와 같이 민감한 주제는 되도록 꺼내지 않는 것이 좋습니다. 그런 부분을 공유한다고 해서 더 깊은 관계가 되는 것이 아닙니다. 게다가 상사와의 관계가 편하고 자유로울수록 말실수를 하기 쉽습니다. 좋은 분위기에서 방심한 틈에 무심코 한 말이 내 발목을 잡을 수 있다는 사실을 늘 명심해야 하는 이유입니다.

둘째, 대표의 생각을 읽지 마세요. 대표는 언제나 외롭습니다.

중요한 의사결정은 항상 대표의 몫이기 때문입니다. 그럴 때 대표는 참모를 찾고, 참모는 대표의 의사결정을 돕죠. 팀장이 든든한 참모 역할을 하게 된다면 좋은 신호이긴 합니다. 대표가 나를 신뢰한다는 뜻이니까요. 하지만 이럴수록 조심해야 할 것도 있기 마련입니다. 사람들은 내 생각을 알아주는 사람을 좋아하지만, 그렇다고 너무 내 생각을 빤히 들여다보며 읽는 사람은 경계하기 때문입니다. 대표의 생각을 이해하고 공감하되, 생각을 읽는 사람이 되진 말아야 합니다. 생각을 이해하는 것과 생각을 읽는 것에는 미묘한 차이가 존재합니다. 말을 경청하고 확인하고 행동에 옮기는 것은 생각을 잘 이해하는 것입니다. 하지만 생각이나 행동을 미리 짐작하는 것은 무례하거나 선을 넘었다고 받아들여질 수 있죠. 물론 평소 의전을 하거나 행사를 진행하면서 대표의 취향을 알고 미리 준비하는 것과는 다른 문제입니다.

우리가 주의해야 할 것은 일의 방향을 정하거나 가치판단이 필요한 중요한 상황에서 대표의 생각을 예단하는 일입니다. 그것은 상대방을 내가 이해한 사람으로 규정짓는 거니까요. 의외로 보고나 회의에서 이런 일이 많이 발생합니다. 아무리 좋은 대표이사라도 누군가가 나를 예단한다는 생각이 들면 내심 기분이 나빠지지 않을까요? 나름대로 잘해보려는 행동이겠지만 오히려 상황을 악화시키기도 합니다. 여러분은 영화 〈엑스맨〉

의 자비에 교수처럼 다른 사람의 생각을 읽는 초능력을 가지고 있지 않으니까요.

셋째, 술을 조심해야 합니다. 술은 누구나 조심해야 합니다만, 팀장이라면 특히 더 그렇습니다. 어느 조직에나 술과 관련된 문제가 하나쯤은 꼭 있습니다. 최근에는 부어라 마셔라 하는 회식 문화가 꽤 사라지긴 했지만, 여전히 개선해야 할 부분이 많이 남아 있죠. 팀장은 술자리에서도 균형을 잡고 적정선을 지켜야 합니다. 본인이 술을 좋아한다면 더더욱 신경을 써야 하고요. 술자리에서 대형사고를 치고 다음 날 기억나지 않는다고 해서 용서되는 것은 아닙니다. 술은 판단력을 흐리게 만듭니다. 상사에게 주사를 부린다거나 주변 사람들에게 행패를 부린다거나 하는 일이 나에게는 일어나지 않을 것이란 과신은 금물입니다. 게다가 임원이나 대표이사와 있을 때 이런 일이 벌어진다면 정말 최악이겠죠.

실제로 평소 업무 능력이 뛰어나고 인성도 좋던 어느 팀장이 술자리에서 큰 실수를 저지르는 바람에 권고사직 위기에 처한 경우도 본 적이 있습니다. 술은 관리하지 않으면 여러분을 위험에 빠뜨리는 커다란 구멍이 됩니다. 그렇기에 팀원들과의 술자리는 가급적 간단하고 깔끔하게 가지고, 1차 자리 이후 귀가하는 습관을 들이는 게 좋습니다. 술자리에 오래 머물러봐야 실수할 가능성만 높아질 뿐이니까요. 경영진과의 술자리는 더 조심해야 합니다. 이미 많이 마셨고 취할 것 같다면 차라리 술잔을 거부하는 게 낫습니다. 취해서 몸을 가누지 못하는 모습을 보이는 것보다 조금 핀잔을 듣더라도 스스로를 관리하는 모습을 보이는 것이 좋습니다.

지금까지 팀원과의 관계와 경영진과의 관계 속에서 안전거리를 유지하며 스스로를 지키는 골디락스 존에 머무는 방법을 이야기했습니다. 어쩌면 이것을 '중용中庸'이라 표현할 수도 있겠네요. 어느 한쪽에 치우치지 않도록 관리하는 것 자체가 중용이니까요.

제가 이야기한 내용들에 모두 동의하기 어려울지도 모르겠습니다. 공감이 가는 대목도 있고 아닌 것도 있을 겁니다. 모든 일이 그렇듯 이 중에서 내게 필요하고 공감 가는 부분만 골라 받아들이는 것만으로도 큰 도움이 되리라 믿습니다. 우선 조직에서 '생존'해야 좋은 팀장도 될 수 있습니다. 살아남아야 후일을 도모할 수도 있죠. 그러기 위해서는 기본적으로 실족하지 말아야 합니다. 여러분이 팀장으로서 생존할 수 있는 관계의 골디락스 존은 어디인가요? 이 책을 다 읽고 난 뒤, 그 영역은 어디부터 어디까지이며 그곳에 머물기 위해 내가 해야 할 노력이 무엇인지 차분히 생각해보는 시간을 가져보면 어떨까요?

좋은 리더가 되기 위한 마지막 점을 찍는 일

이 책은 이제 막 팀장이 된 분들, 또는 앞으로 팀장이 될 분들을 위해 쓴 실전 안내서입니다. 하지만 그렇다고 해서 단순히 팀장을 위한 가이드북 또는 조언서의 형태에 가두고 싶진 않습니다.

인간의 모든 행동은 기본적으로 자신의 철학과 가치관, 그리고 신념을 기반으로 합니다. 이 책도 마찬가지입니다. 직장생활과 인사에 대한 저의 철학, 가치관, 신념에 바탕을 두고 있죠. 제가 이 책을 쓰고 싶었던 이유는 앞으로 좋은 리더가 되고자 하는 분들에게 저의 그런 생각들을 전하고 싶어서였는지도 모르겠습니다. 그것이 아주 대단한 것이 아니라 할지라도요.

그래서 저는 이 책에 대해 이렇게 정의 내리고 싶습니다. 리더로서 올바른 신념을 가질 수 있게 도와주는, 그것을 실천할 수 있게 용기를 주는, 실행을 위해 편하게 다가설 수 있는 그런 '친구 같은 책'이라고요. 친구親舊의 한자 뜻을 풀이하면 '가까이 두고 오랫동안 본 벗'입니다. 부디 여러분에게도 이 책이 가까이 두고 오랫동안 꺼내 볼 수 있는 친구가 됐으면 좋겠네요.

마지막으로, 여러분과 제 자신에게 강조하고 싶은 말이 있습니다. 리더십 이론과 같은 지식들을 많이 알고 있다고 해서 좋은 리더가 되는 것은 아닙니다. 물론, 지식과 지혜를 탐구하는 것은 좋은 리더에 가까워지기 위한 방법 중 하나가 될 수는 있습니다. 하지만 우리가 잊지 말아야 할 것은 결국 마지막 점을 찍는 사람은 자기 자신이라는 사실입니다. 좋은 리더가 되는 방법은 다른 곳에 있지 않습니다. 결국 내 생각과 행동에 있습니다. 그것을 믿어보세요.

열심히 하는 사람을 이기는 사람은 즐기는 사람입니다. 그럼 즐기는 사람을 이기는 사람이 있을까요? 네, 바로 계속하는 사람입니다. 팀장의 길을 걸어가는 우리 앞에는 어렵고 힘든 일들이 매일같이 나타날 거예요. 그렇더라도 좋은 리더가 되기 위한 노력을 멈추지 않았으면 좋겠습니다. 이 노력은 다른 누구도 아닌 여러분 자신을 위한 일이니까요.

무엇이든 꾸준히 계속하는 사람은 당해낼 수 없습니다.

여러분의 앞날을 진심으로 응원합니다.

팀장 리더십 여정을 마무리하며,

저자 태준열

팀장을 위한 현실 리더십 안내서

어느 날 대표님이
팀장 한번 맡아보라고 말했다

초판 1쇄 발행 2022년 1월 6일
초판 2쇄 발행 2022년 6월 21일

지은이 태준열
펴낸이 성의현
펴낸곳 (주)미래의창

편집주간 김성옥
책임편집 김윤하
디자인 윤일란
홍보 및 마케팅 연상희·김지훈·이보경

출판 신고 2019년 10월 28일 제2019-000291호
주소 서울시 마포구 잔다리로 62-1 미래의창빌딩(서교동 376-15, 5층)
전화 070-8693-1719 **팩스** 0507-1301-1585
홈페이지 www.miraebook.co.kr
ISBN 979-11-91464-66-5 03320

생각이 글이 되고, 글이 책이 되는 놀라운 경험. 미래의창과 함께라면 가능합니다.
책을 통해 여러분의 생각과 아이디어를 더 많은 사람들과 공유하시기 바랍니다.
투고메일 togo@miraebook.co.kr (홈페이지와 블로그에서 양식을 다운로드하세요)
제휴 및 기타 문의 ask@miraebook.co.kr